AF577531

Das freihändige perspektivische Zeichnen

Johann Daniel Thulesius

Das freihändige perspektivische Zeichnen

Eine methodische Anleitung und
Hinwendung zum Sehen lernen

ars momentum.

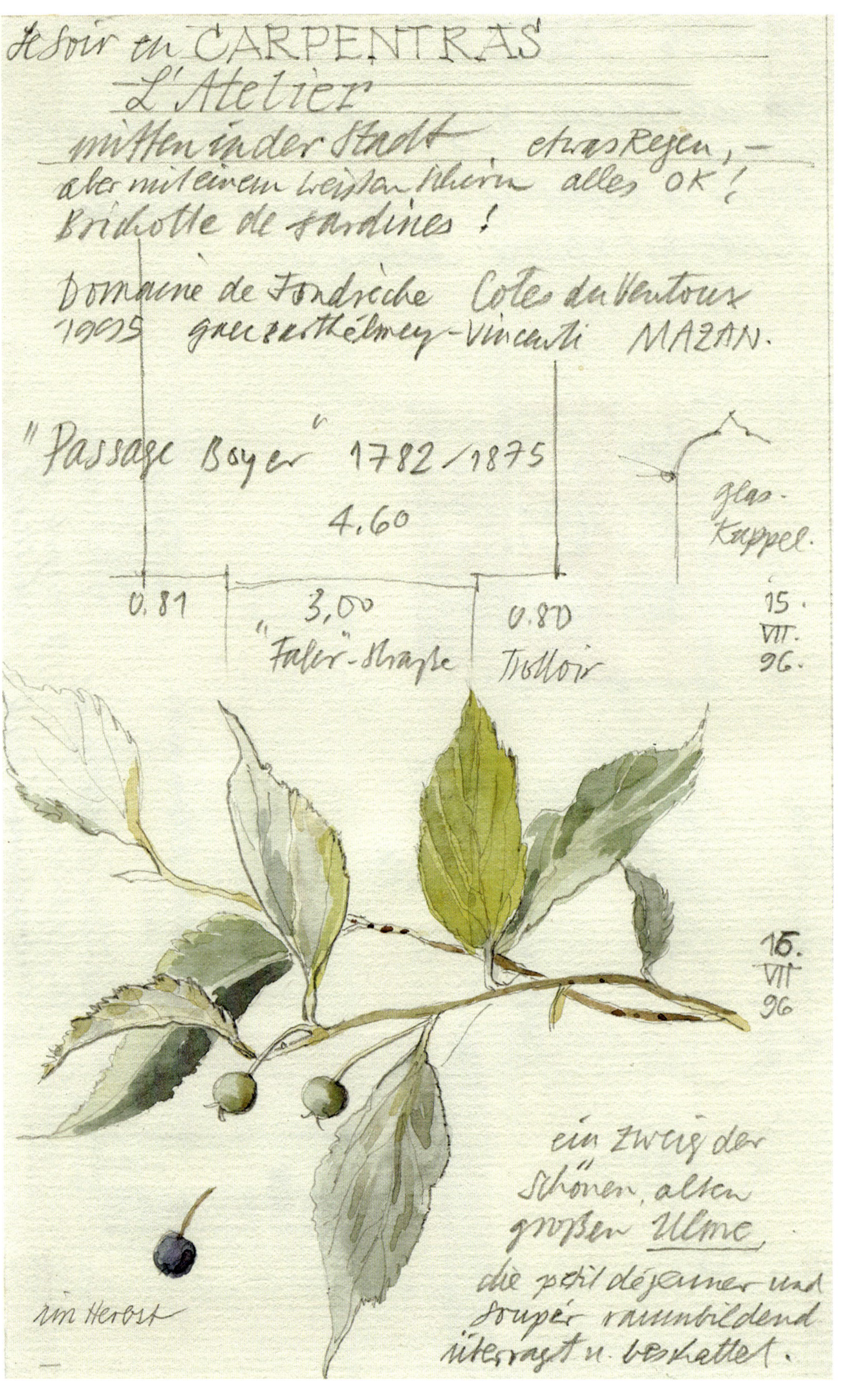

Le Soir en CARPENTRAS
L'Atelier
mitten in der Stadt
etwas Regen, –
alles OK!
Domaine de Fondrèche Côtes du Ventoux
MAZAN.
„Passage Boyer" 1782/1875
4,60
Glas-Kuppel.
0,81
3,00
0,80
„Fahr"-Straße
Trottoir
15. VII. 96.
15. VII 96
ein Zweig der schönen, alten großen Ulme
die petit déjeuner und soupér raumbildend überragt u. beschattet.
im Herbst

Inhalt

Abb. 1
Carpentras – ein Zweig der schönen, alten großen Ulme St. Didier La Sérignane, 16.VII.96

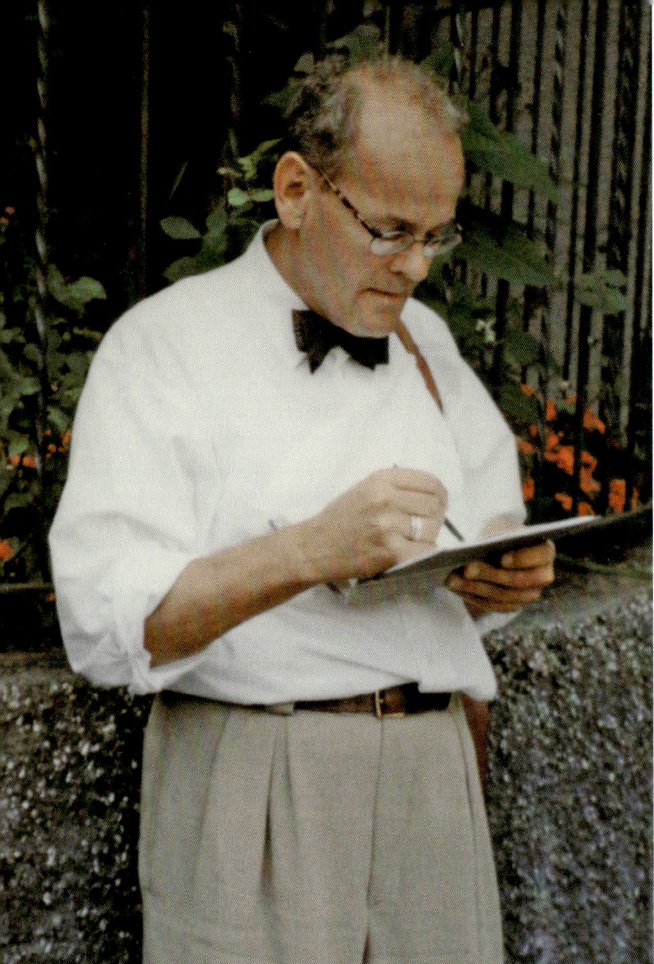

Abb. 2
J. D. Thulesius zeichnend vor der Casa Bianchi, Tessin/Toskana-Exkursion 1997

Nicht das Geschehene, das Geschaute formt und verwandelt uns.

Marion Gräfin Dönhoff

Dieses Buch über das freihändige perspektivische Zeichnen widme ich allen Studentinnen und Studenten des Fachbereichs Architektur an der ehemaligen Fachhochschule Hagen und an der Fachhochschule Bochum, denen ich über das Handwerk des Zeichnens versucht habe, die Schönheiten von Linie, Farbe, Schrift, Körper und Raum nahezubringen. Wintersemester 1976/77 bis Sommersemester 2005: Freihandzeichnen in Herdecke, in Hagen-Eilpe, -Boele und -Elsey; in Bochum-Stiepel, in Hattingen, in Soest und auf den großen Exkursionen in Polen, Italien, Frankreich, Deutschland, Tschechien und der Schweiz.

Vorwort

Die Anleitung zum freihändigen Skizzieren richtet sich keineswegs in bevorzugter Weise an diejenigen, welche aus beruflichem Anlass Nutzen davon haben könnten; wie etwa die Bauschaffenden und die Designer.

Ich bin überzeugt davon, dass fast *jeder* Mensch mit großer Freude und persönlichem Gewinn von dieser Zeichenmethode Gebrauch machen kann. Diese Methodik des freihändigen perspektivischen Zeichnens hat es mir ermöglicht, Menschen für diese Art des Skizzierens zu begeistern, die sich bisher kaum mit dem Zeichnen befasst hatten.

Früher ist es für diejenigen, die es sich leisten konnten, Reisen zu unternehmen, stets von entscheidender Bedeutung gewesen, Skizzen und farbige Darstellungen ihrer Beobachtungen an Ort und Stelle anzufertigen, um diese Eindrücke festzuhalten und mit nach Hause zu nehmen. Seitdem der Fotoapparat eine Selbstverständlichkeit geworden ist, haben der Laie und sehr bald auch der Fachmann weitgehend davon abgesehen, sich mit Stift und Zeichenblock zu befassen.

Jeder neue Gegenstand,
wohl beschaut, schließt
ein neues Organ in uns auf.

Johann Wolfgang von Goethe

Ein Buch ist mehr oder weniger ein Versprechen. Was also will ich dem Leser versprechen? Ich verspreche ihm, dass er hiermit ein Werkzeug in die Hand bekommen wird, mit dem er die Welt auf eine andere, innigere und wesentlichere Art und Weise erobern kann, als ihm dies bisher für möglich erschienen ist.

Wenn ich beobachte, wie sich jemand voller Hingabe und fast ein wenig selbstvergessen in seinem Garten darum bemüht, Bodendeckern, Stauden und Blumen eine liebevolle Pflege angedeihen zu lassen, möchte ich versucht sein, zu behaupten, dass diesem Menschen sein Garten zum Segen gereichen wird.

Möge dieses Buch all denen zum Segen gereichen, die darin mit Erwartung zu lesen beginnen und sich anregen lassen, diese Art des Zeichnens auszuprobieren.

Johann Daniel Thulesius *Hagen, im Frühjahr 2014*

Einleitung

Die Auseinandersetzung mit der zeichnerischen Darstellung soll sich also lohnen? Das mag sehr unwahrscheinlich klingen, denn es gibt schon mehr als genug dieser Bücher mit dem Hinweis *Zeichnen – leicht gemacht* – also:

Warum überhaupt Freihandzeichnen?

Erfahrung ist eine verstandene Wahrnehmung.

Immanuel Kant

Die digitale Fotografie im Verbund mit einer ausgeklügelten großen Anzahl von CAD-Programmen erübrigt doch schon längst diese mühsame Handarbeit. Manch einer wird einwenden, dass eine solche zeitaufwendige archaische Technik sich heute im Berufsleben keiner mehr leisten kann, und dass auch in der zeitgenössischen Kunst für diese Art von fotografischem Abklatsch kein Markt mehr vorhanden sei. Gut möglich, dass irgendwo in der Toskana hin und wieder einige Malkurse abgehalten werden, aber das sind lediglich reine Hobbyaktivitäten.

Diese Argumente sind mir geläufig, und auch die Entwicklung in der Praxis der Architekturbüros in der ganzen Welt wird sich durch meine Bemühungen nicht umkrempeln lassen. Denn seit dem Siegeszug der Computertechnik ist die Nachfrage an zeichnerischen Fähigkeiten in den Planungsbüros und an den Hochschulen stark zurückgegangen, weil die digitalen Darstellungstechniken immer perfekter werden. Durch die dreidimensionalen Computeranimationen lässt sich eine virtuelle Welt staunenswerter Illusionen hervorzaubern.

Was also soll dann noch das freihändige Zeichnen? Bei der Lösung von Problemstellungen, wie zum Beispiel bei der Anamnese, dem Verstehen und Erfassen eines Krankheitsbildes; oder bei der Aufdeckung eines Kriminalfalles; oder bei der Sanierung eines Unternehmens bedarf es – bei aller gebotenen fachlichen Kompetenz – immer auch der akribisch genauen Beobachtung und Analyse eines Falles.

Ich behaupte nun, dass das genaue zeichnerische Nachvollziehen einer Gegebenheit, diese Fähigkeiten des präzisen sich Einfühlens und Erkennens eines verborgenen Sachverhaltes in hervorragender Weise zu schulen und zu entwickeln hilft.

Wir haben fast verlernt, neben den Augen unsere feinsten und wertvollsten körpereigenen Werkzeuge – die *Hände* – so zu benutzen, dass unsere handwerklichen Fähigkeiten entwickelt und die Koppelungen unserer *beiden* Gehirnhälften gefördert werden. Leider haben unsere hochqualifizierten Finger mehr und mehr die Aufgabe übernommen, auf die Tastaturen elektronischer Geräte zu drücken. Ich bin der Auffassung, dass durch diesen Verlust an *Handarbeit*, durch das Fehlen dessen, was – damit verbunden – einmal als *Freude an der Arbeit* genannt werden konnte, ein entscheidender Anteil an Selbstwertgefühl verlorengegangen ist.

Sind aber erst einmal Hand und Auge direkt in den Prozess einer sehr persönlichen Auseinandersetzung mit einer Sache einbezogen, so wie dies geschieht, wenn man sich die Mühe macht, eine Gegebenheit konzentriert und genau mit dem Zeichenstift nachzuvollziehen, dann wird man auch ungeahnte Entdeckerfreuden erleben können.

Der alte Zeichenunterricht in der Schule ist vielfach – teilweise sicherlich zu Recht – als sklavisches Abzeichnen von starren Vorlagen angesehen worden, und der allgemein vorherrschende Individualismus hat einer neuen Kreativität das Wort geredet. Wobei der Begriff *kreativ* in seiner ursprünglichen Bedeutung vielfach falsch verstanden wird. Ich habe die Feststellung machen können, dass gerade das sachgetreue genaue Beobachten und Abzeichnen häufig mehr Befriedigung schenken kann als beispielsweise das aus einer Laune heraus spontane sich Ausleben mit breitem Malerquast.

Die Befriedigung, die man durch eine Tätigkeit wie Sport oder beim Ausüben eines Hobbys gewinnt, ist eine Sache. Diejenigen, die sich – aus einem uralten Instinkt herrührend – ihrem Garten in immer wiederkehrendem Interesse zuwenden, tun dies eher aus einer Liebe heraus. Aus einer tiefen Liebe zu einem lebendigen ganzheitlichen Geschehen, wie es beispielsweise durch die Jahrezeiten in der Natur sichtbar wird. Liebe erwächst aus dem geduldig getreulichen Umgang mit einer Sache oder mit einer Person. Neun Monate trägt eine Frau ihr Kind. Sich einer gegebenen reizvollen Situation zuzuwenden, ihr mit wachsendem Interesse und mit Neugier zu begegnen, um dabei mit steigender Überraschung und Entdeckerfreude feststellen zu können, was man auf den ersten Blick überhaupt nicht hätte vermuten wollen, das ist eine Erfahrung, die auch allen denen zuteil werden kann, die sich an das so viel gescholtene Abmalen begeben.

Es scheint geradezu paradox, dass ausgerechnet das streng methodische und nach den Gesetzen der Zentralperspektive erfolgende Abzeichnen eines Gegenstandes oder einer Situation, die Befreiung und tiefe Zufriedenheit schenkt, die man sonst eher im völlig losgelösten spontanen künstlerischen sich Austoben zu finden glaubt.

Beobachten und zeichnerisch genau notieren, was *da* ist; wobei wir erkennen werden, dass es auch hierbei sehr darauf ankommt, das Wichtige vom Unwichtigen zu unterscheiden und Entbehrliches wegzulassen.

Wir sahen, dass die Umschließung eine der ältesten sinnträchtigen Formen in der Geschichte der Architektur ist.

Christian Norberg-Schulz

Zeichnen aus der Sicht des Architekten

Es erscheint mir angesichts der in den letzten ca. zwanzig Jahren erfolgten Veränderungen in der Wahrnehmung, eine Tendenz in der allgemeinen Entwicklung sehr bedenkenswert zu sein: Der *status nascendi* – der Vorgang der Formfindung und Formgebung ist ein grundsätzlich anderer geworden als ich dies noch während meines Studiums habe erfahren können.

Dass sich die Gestalt unserer Umwelt zunehmend wandelt, hat folgerichtig auch damit zu tun, dass nicht nur in der Produktion von Architektur und Stadt, sondern gerade auch in ihrer Planung anstelle der verschiedensten Handwerkstechniken immer mehr die *Maschine* zum Einsatz gelangt.

Was den Hochbau und Städtebau anbelangt, lässt sich die eigentliche Aufgabe der Formgebung mit einem Satz so umschreiben, wie das der Stadtplaner und Hochschullehrer Heinz Wetzel (1882–1945, einer der drei Großen der *Stuttgarter Schule*) so ausgedrückt hat: *„Das ganze Geheimnis des Gestaltens ist die bewusste Einfügung des Bauwerkes in die Gemeinschaft dessen, was da ist. Das, was da ist, muss vorher begriffen sein."*

Immer, wenn es darum geht, in den Bestand – Landschaft oder Stadt – baulich einzugreifen, muss das, was da ist, das nähere Umfeld also, in allen seinen Bezügen und Charakteristika genauestens entdeckt und begriffen werden. Dabei genügt es meiner Überzeugung nach überhaupt nicht, sich die Situation vor Ort anzusehen, einige Fotos zu machen, diverse Informationen zur näheren Umgebung zu besorgen, das einschlägige Planmaterial zu beschaffen, um alsdann mit der Planung zu beginnen. Jeder Ort, und sei er noch so unscheinbar, hat seinen ganz eigenen Charakter; abgesehen davon, dass jede örtliche Gegebenheit nicht auf Anhieb in ihrer ganzen Eigenart, ihrer Geschichte und ihren vielfältigen Bezügen erkannt werden kann.

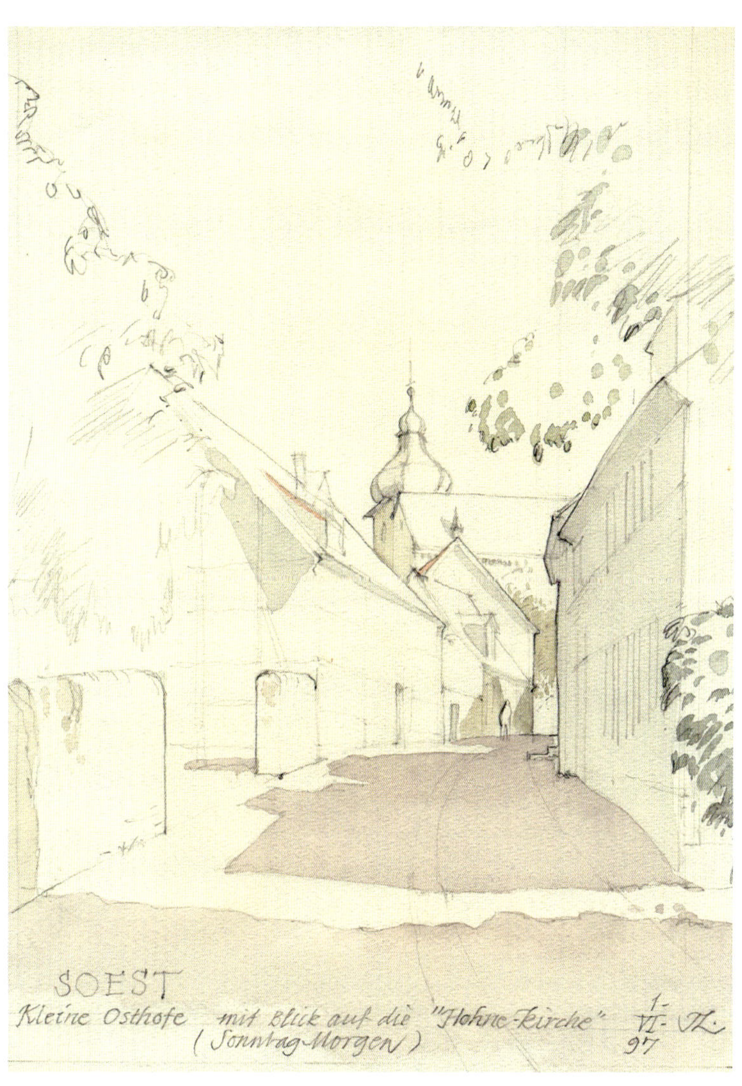

Abb. 3
Soest, Kleine Osthofe
01.VI.97

Aus meiner beruflichen Erfahrung, Lösungen für architektonische Problemstellungen zu finden, ist mir in zunehmendem Maße aufgefallen, wie verführerisch es ist, den allgemeinen Trends zu folgen, um ein Design zu liefern, das „spannend" sein möchte. Es wir oft vergessen, erst einmal genauestens zu beobachten und herauszufinden, was tatsächlich vorhanden ist, wie sich die Dinge wirklich zueinander verhalten und was überhaupt an Bedarf vorliegt, um erst dann zu beginnen, eine angemessene und dienliche Leistungsform dafür zu entwerfen.

Ich habe mir oft die Frage gestellt, warum die einzigartig schönen, immer mit der Ortslage und dem Gelände auf das Engste und Glücklichste in Einklang gebrachten stadträumlichen Schöpfungen seit dem Ende des Zweiten Weltkrieges keine rechte Nachfolge mehr finden können. Rotterdam und andere neue rasante Stadtzentren locken die Besucher an, weil es dort viel Spektakuläres zu zeigen gibt. Man wird aber feststellen können, dass es immer noch und immer wieder gerade die historischen Zentren (Abb. 3), die sogenannten *gewachsenen* alten Städte sind, in denen es eine wirkliche Lust ist, herumzustreifen, sodass man erst am späten Nachmittag auf die etwas müden Füße aufmerksam zu werden beginnt. Denn wie erklärt es sich, dass nach wie vor die Ströme des Tourismus in ungebrochener Regelmäßigkeit zu den alten traditionsreichen Stätten unserer Geschichte fluten?

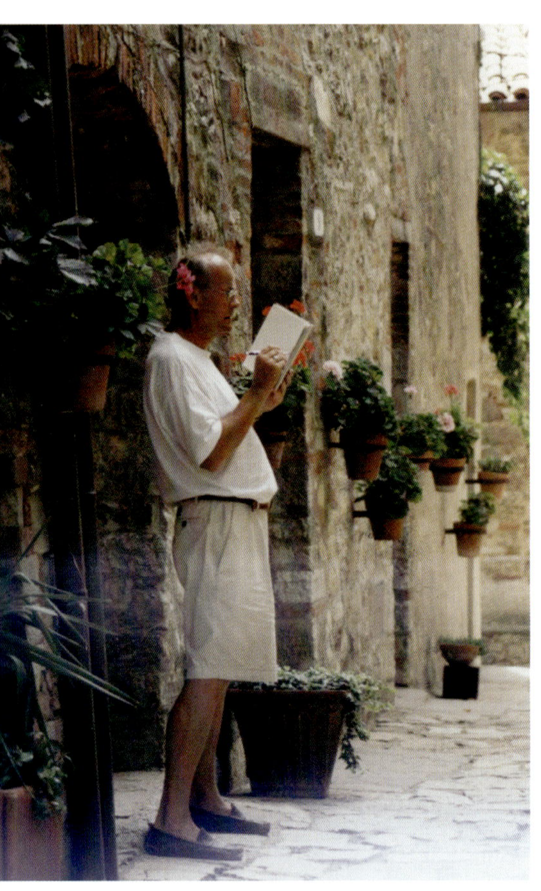

Abb. 4
J. D. Thulesius zeichnend
in Greppolischieto

Bieten nicht gerade auch die neueren Städte die Annehmlichkeiten, die der Mensch benötigt? De facto, vom rein materiellen Standpunkt aus gesehen, schon. Der *Flaneur* jedoch, der mit allen seinen Sinnen aufnehmende Fußgänger, erwartet sehr viel mehr. Gott sei Dank ist es immer noch so!

Der französische Architekt und Philosoph Paul Virilio (geb. 1932) spricht vom *„Verlust der weiten Aussicht"* bei den Zeitgenossen, die beim Hochgeschwindigkeits-Transport (mit dem PKW, dem Zug oder Flugzeug) und vor dem Bildschirm sich einen *Tunnelblick* angewöhnt haben, und er glaubt, dass *„wir dabei sind, mit jedem Erfolg diese unsere Welt zu verlieren."* Und deshalb, so sagt er, wird der Mensch zurück müssen *„zu Bodenhaftung und Erdgebundenheit"*.

Offenbar gelingt es eben auch mit den umfangreichsten kartografisch technischen Mitteln, den gründlichsten gesellschaftspolitischen Untersuchungen und Kenntnissen, den flottesten Design-Tricks *nicht*, stadträumliche Gefüge auf die komplexen sinnlichen Wahrnehmungen des Menschen hin gebührend zu komponieren und anzulegen. Ohne gleich in kulturpessimistisches Klagen zu verfallen, bleibt die berechtigte Frage: Warum verhält es sich so? Ein Grund dafür kann darin gefunden werden, dass die unmittelbare und körperhaft-sinnliche *Nähe* der Auseinandersetzung zwischen Planenden und Umfeld längst nicht mehr stattfindet. Die Zeit, die dafür erforderlich ist, glaubt man nicht mehr erübrigen zu können. Es fehlt überhaupt an der Fähigkeit für eine derartig tiefergehendes sich Auseinandersetzen mit dem *Geheimnis des Ortes*, mit den Beschaffenheiten des Geländes beispielsweise; es fehlt an der *augensinnlichen* Hinwendung zu dem tatsächlich Vorhandenen.

Die vielzitierten Sachzwänge scheinen vergessen zu machen, dass der Mensch als Verbraucher, als Wohnungssuchender, als *Cives* und Stadtbewohner sich immer noch danach sehnt, in einer Stadt zu Hause sein zu dürfen, die seinen Sinnen, seiner Phantasie und seiner Sehnsucht Nahrung gibt.

Aus eigener Erfahrung weiß ich, welche immense Fülle von Informationen gewonnen werden kann, wenn es dem hellhörigen und aufgeschlossenen Beobachter ein wirkliches Anliegen ist, sich *vor Ort* ein umfassendes und höchstpersönliches Bild der Gegebenheiten zu verschaffen.

Aber ich weiß auch, dass es wohl keinem Menschen, der auf einem Beobachtungsposten säße, gelingen könnte, allein durch Befragungen und Untersuchungen diese erforderlichen Erkenntnisse in Erfahrung zu bringen, und Notizblock, Diktafon oder gar Kamera sind von jeher Attribute, die von der Allgemeinheit eher mit Anwalt, Makler, Spekulant oder schlimmerem in Verbindung gebracht werden. Nein, ein ehrlicher Analyst, ein *Stadtbau-Reparateur*, ein Architekt muss sich ganz anders einbringen. Allein nur da zu sein und zuzusehen genügt eben überhaupt nicht. Selbst habe ich das unzählige Male erlebt, wenn ich unterwegs gewesen bin auf den Straßen und Plätzen alter Städte. Nachfolgend ein Beispiel:

Ich stehe und skizziere eine Situation. (Abb. 4) Nach einer Weile bewegt sich im Hause gegenüber eine Gardine. Ein kleines Kind kommt und schaut mir zu. *„Onkel, was machst Du da?“* – *„Ich zeichne euer schönes Haus.“* – *„Verkaufst Du das Bild dann?“* Nach einer Weile öffnet sich die Haustür und die Frau lässt sich sehen, vielleicht schaut auch sie auf die entstehende Skizze, oder sie erzählt das eine oder andere zur aktuellen Situation, wovon mir, dem Zeichner, überhaupt noch gar nichts bekannt sein konnte.

Was ist das Schwerste von allem?
Was dir das Leichteste dünket:
Mit den Augen zu sehen, was vor
den Augen dir lieget.

Johann Wolfgang von Goethe

Sehr viel später erst – er hat sich von meiner lauteren Absicht überzeugen lassen – kommt ganz langsam der Hausherr auf mich zu: *„Na, Sie interessieren sich wohl für so olle Klamotten, was? Aber ich sag' Ihnen, mit so einem alten Haus hat man viel Ärger...* – (lange Pause) – *Aber wenn Sie Lust haben, zeig' ich Ihnen noch einen alten Brunnen im Hof. Und die Treppe in der Diele ist auch was ganz besonders, so etwas kann heute keiner mehr bauen.“*

Aus derartigen behutsamen Annäherungen habe ich schon die unglaublichsten Bekanntschaften an den unterschiedlichsten Orten der Welt machen können; ich habe einiges über Gebäude, Konstruktion, Geschichte (und Geschichten), über Menschen und Befindlichkeiten erfahren und begreifen können, und ich bin hin und wieder auch im Anschluss an meine Zeichnerei eingeladen worden.

Ein skizzierender Mensch ist eben ungefährlich, und von diesem *eigenartigen Typ'* könnte man vielleicht auch noch einen gewissen Nutzen ziehen. Denn diese Art von Mensch hat sich dem Anderen *zugewendet*, hat deutlich tieferes Interesse für die Sache – ja, möglicherweise auch für den anderen Menschen – gezeigt: Es hat eine gewisse Art von *Hinwendung* stattgefunden. Ein wirklich einfühlsames Sehen und Entdecken gelingt eben nur mit einer damit verbundenen sinnstiftenden *Tätigkeit*.

Man wird mir darauf erwidern, dass diese Art der *Recherche* einen viel zu großen Aufwand bedeute. Währenddessen hätte man mit der Planung und Vermarktung schon viel weiter sein können, denn Zeit ist Geld. Aber die Tatsache, dass gerade in der Zeit des rasanten Aufschwungs in unserem Land einiges an Bausubstanz abgerissen worden ist, welche kaum dreißig Jahre Bestand gehabt hat, macht deutlich, dass es sich bei diesen Projekten offensichtlich um keine verantwortungsvolle Planung gehandelt haben konnte.

Um noch einmal den Hochschullehrer Heinz Wetzel zu zitieren: *„[...] das Foto ist mit Vorsicht zu gebrauchen, niemals erfasst die Kamera das Wesen eines Bildes in der Totalität. Kein Foto ersetzt mir meinen eigenen Eindruck, der erst zum Eindruck wird, wenn er Erlebnis ist. Und das Erlebnis hält die Skizze fest."*

Die digitalen Darstellungstechniken verblüffen in der Tat durch ihre scheinbar perfekte Wirkung, und mit etwas Schulung kann sich jeder ihrer bedienen. Meine Kritik an dieser raffinierten digitalen Bildgestaltung bezieht sich darauf, dass sie mir für manch eine Zielsetzung lediglich als sehr *perfekt* erscheint. Auch wird der Rezipient – der zu informierende Bürger oder der zukünftige Nutzer und Käufer – nicht selber daran beteiligt, sich in die gedachte, neue Situation hineinzuversetzen. Die eigene Einfühlung in die aktuelle Gegebenheit wäre vonnöten. Anstelle einer Flut von bunten Bildern mit allzu viel minutiöser „Genauigkeit" wäre es zum Beispiel sinnvoller, den zu Informierenden mit einer einfachen – an Ort und Stelle entstehenden – Skizze ins Bild zu setzen. Vor allem aber kritisiere ich, dass die heutigen Architekten und Städteplaner in der Regel nicht mehr bereit sind, sich vor Ort in umfassender Weise mit den tatsächlichen Gegebenheiten auseinanderzusetzen. Das sich Hineinversetzen in eine örtliche Gegebenheit kann *niemals* ausschließlich mit dem Intellekt bewerkstelligt werden, sondern – meiner Überzeugung nach – kann das erst dann geschehen, wenn mit Liebe zur Sache und scharfer Beobachtung an Ort und Stelle die in Frage kommende Situation perspektivisch genau und eigenhändig nachvollzogen wird.

Zeichnen in der Bildenden Kunst

Anders als bei den Bildern alter Meister oder bei den Werken der klassischen Moderne, gelingt es mir bei zeitgenössischer Kunst nur entweder spontan etwas als sehr reizvoll und *schön* anzusehen, oder aber ausschließlich über den Umweg von vielen erklärenden Worte einen irgendwie gearteten Zugang zu gewinnen.

Dagegen öffnet sich die Konkrete Kunst dem Betrachter schon durch wenige erläuternde Hinweise und offenbart Raffinesse, Schönheit und hintergründige Qualitäten. Ich denke, das hat damit zu tun, dass bei dieser Art von Kunst immer die Technik der Herstellung einen hohen Stellenwert hat.

Nachfolgend einige Zitate des Malers Max Liebermann (1847–1935) aus seiner Schrift „Die Phantasie in der Malerei", die für sich sprechen:

„Lassen wir das Übersinnliche in der Kunst in Ruhe, und stellen wir uns Kunst – nach der Etymologie des Wortes – als Können vor. Vielleicht, dass wir vom Sinnlichen, das heißt der Technik, leichter in den Geist der Kunst einzudringen vermögen. Technik als Ausdruck des Geistes. Niemand kann sagen, wo das Handwerk aufhört und das Kunstwerk beginnt, denn beides ist in und miteinander unlöslich verwachsen."

„Kunst kommt von Können, welches das Wollen als einen dem Künstler innewohnenden Trieb einschließt (weshalb ich auch nicht an die faulen und verbummelten Genies glaube)."

„Die Griechen hatten für Kunst und Handwerk nur das eine Wort ‚he techné': beide sind desselben Ursprungs. Wehe der Kunst, die ihres Ursprungs vergisst!"

„Denn man kann wohl ein großer Zeichner sein, ohne ein großer Maler zu sein, aber nicht umgekehrt."

Künstler ist, wer die Welt immer neu sieht, wie zum ersten Male – und der es vermag, dass auch Andere so sehen.

René Schickele

Abb. 5
Wegwarte, 19.VII.97

Zeichnen im Staunen vor der Natur

Im Leben eines jeden Menschen gibt es hin und wieder Augenblicke, in denen man sich wie herausgehoben aus dem Alltäglichen zu fühlen scheint. Diese Momente hätte man bisweilen wohl Lust, in irgendeiner Art und Weise festzuhalten; man wünschte sich, diesem Erleben Dauer zu verleihen. Etwa so, wie es ziemlich am Ende von Goethes *Faust I* zu lesen ist: *„Zum Augenblicke dürft ich sagen: Verweile doch, du bist so schön!“* Auf welche Art wäre das wohl möglich?

In wenige, aber treffende Worte gekleidet, vielleicht der Versuch eines *Haikus*, eines japanischen Dreizeilers, oder eine sehr knapp gefasste Beschreibung, in Prosa? In Liedform wäre es wohl angemessen, denn solche bisweilen höchst überraschenden und sehr zarten Erlebnisse eines Augenblicks erweisen sich als so flüchtig wie der Zauber schöner Musik. Oder aber ist es in Form einer Skizze möglich?

Die Seele nährt sich von dem, woran sie sich erfreut.

Aurelius Augustinus

Vielleicht handelt es sich um den eher zufälligen frühmorgendlichen Spaziergang entlang eines sandigen Weges, und stellvertretend für die Vielzahl von Sensationen der geringeren Art, welche in Herz und Hirn eindringen, wäre da vielleicht die bescheidene Wegwarte, die es uns mit ihrem feinen blassblauen Lächeln angetan hat. (Abb. 5)

Wenn Sie sich für eine Skizze entschieden haben sollten, dann schauen Sie sich diesen kleinen Blütenstängel sehr genau an und zeichnen Sie ihn so getreulich ab, wie Sie es vermögen, denn in diesem Teil spiegelt sich das Ganze. Ein *Mikrokosmos* ist es, der sich bei ganz genauem Beobachten und beim zeichnerischen Nachvollziehen tief in das Gedächtnis einprägen wird. Versuchen Sie aber so getreu wie möglich beim oft geschmähten behutsamen Abzeichnen vorzugehen, und bemühen Sie sich darum, die Farbigkeit dieser Feldblume mit Farbstiften oder mit Wasserfarbe so echt wie möglich erscheinen zu lassen.

Es ist merkwürdig, aber diese kleine arbeitsame Zwiesprache mit dieser Pflanze schenkt uns ein dauerhaftes Erinnern. Noch viele Jahre später wird einem diese Begegnung erstaunlich gegenwärtig bleiben, ja, man wird sich sogar noch an das nähere Umfeld, an die Düfte und Geräusche dort erinnern können.

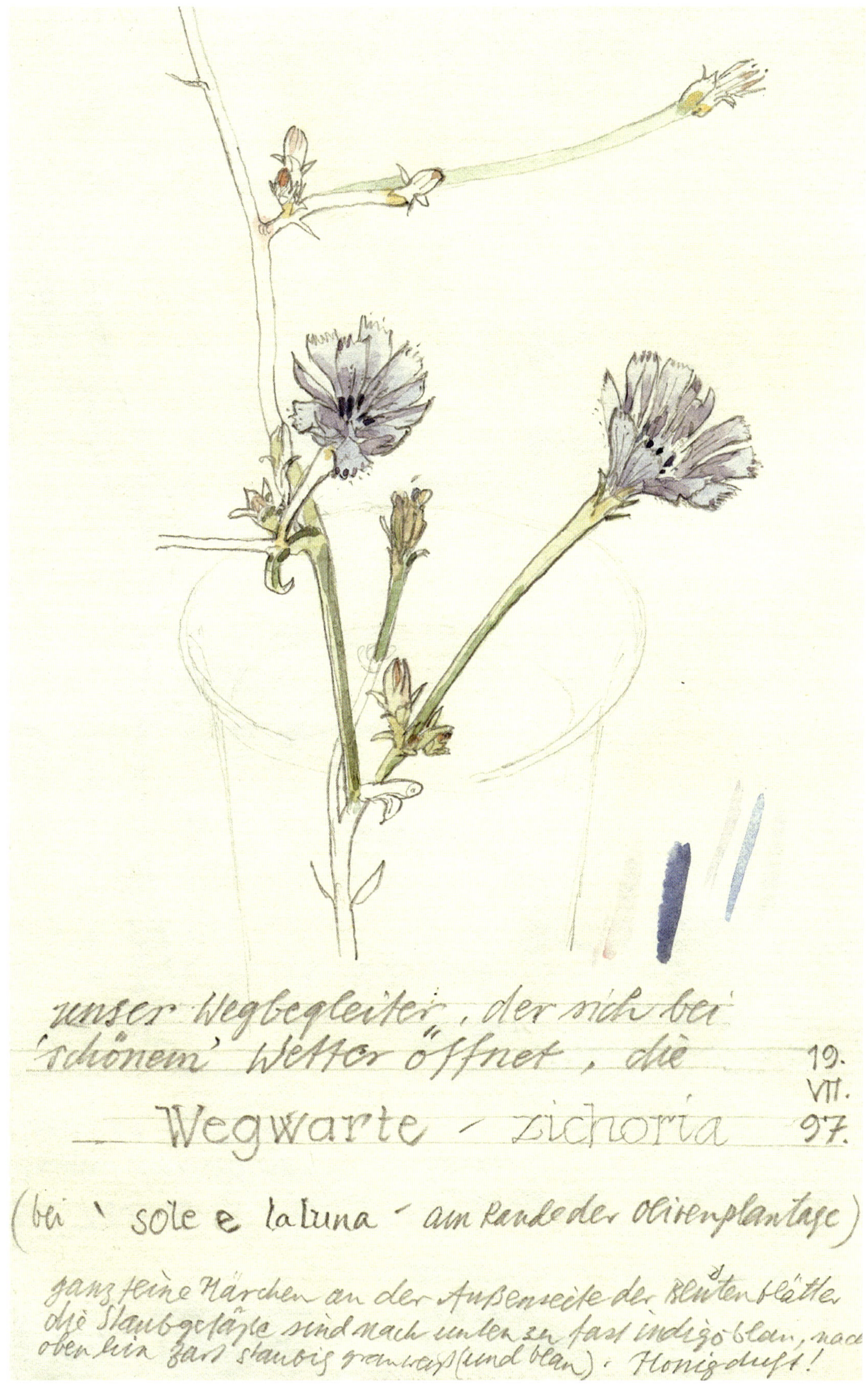
unser Wegbegleiter, der sich bei
'schönem' Wetter öffnet, die
Wegwarte - zichoria
19.
VII.
97.
(bei 'sole e la luna' - am Rande der Olivenplantage)
ganz feine Härchen an der Außenseite der Blütenblätter
die Staubgefäße sind nach unten zu fast indigoblau, nach
oben hin zart staubig grauweiß (und blau). Honigduft!

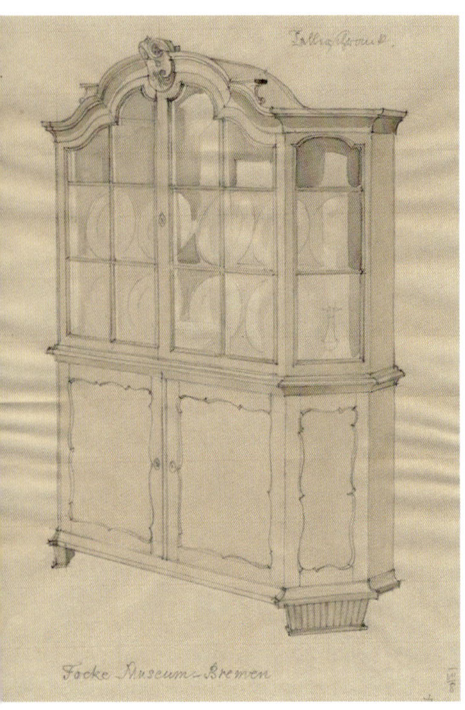

Abb. 6
J. D. Thulesius sen.
Schrank, Focke Museum, Bremen

Es ist nicht damit getan, über das Schöne nachzudenken, es muss hervorgebracht werden, und dieses Verlangen ist im bescheidensten Menschen und verlässt ihn nicht.

Friedrich Georg Jünger

Zeichnen als Aneignung

Wenn man sich in einer Ausstellung mit wirklich schönen Dingen befindet, oder aber in angenehmer Atmosphäre irgendwo eingeladen ist, kann es durchaus vorkommen, dass man sich recht heftig verliebst… nicht in eine Person gerade – obwohl das auch schon vorkommen mag –, sondern in eine Sache, z.B. in einen sehr schön gearbeiteten alten Schrank (Abb. 6), in eine anmutig aussehende Skulptur (Abb. 7), in ein elegantes Schiffsmodell (Abb.8), oder in ein Bild, das einen in seinen Bann zieht.

Ein gesetzeswidriges Aneignen einer dieser Sachen – in welcher Form auch immer – kommt natürlich überhaupt nicht infrage. Trotzdem ist es möglich, sich dieses sehr begehrten Gegenstandes in der Form zu bemächtigen, dass er gewissermaßen zum Eigentum wird, was aber zur Voraussetzung hat, dass Skizzenbuch und Zeichenstift bei der Hand sind, und dass für ungefähr zehn bis fünfundvierzig Minuten mit der gebotenen Zurückhaltung ein genaues Betrachten und Nachvollziehen stattfindet. Man sollte sich dem Abzeichen des Objektes seiner Sehnsucht voll und ganz hingeben.

Wenn diese zeichnerische Aufnahme und Aneignung gelungen sein sollte, wird ein Zustand wohliger Zufriedenheit erreicht sein. Denn es ist geglückt, den Gegenstand in seinen „Besitz zu bringen", der einen auf den ersten Blick so sehr fasziniert hatte.

Es könnte wert sein, darüber nachzudenken, ob es in der Welt weniger verunglückte Zweierbeziehungen gäbe, wenn den Menschen vermehrt die Möglichkeit eröffnet würde, die „Objekte ihres plötzlichen Begehrens" erst einmal zeichnerisch zu erfassen, als sich anderweitig um sie zu bemühen.

Zeichnen lehrt sehen

In immer mehr Berufszweigen hört man davon, dass der sehnliche Wunsch nach einer Auszeit entsteht, weil offensichtlich immer weniger Menschen die folgende Aussage auf sich beziehen können: *„Nichts besser, denn dass der Mensch fröhlich sei in seiner Arbeit"* (Prediger 3, 9-13)

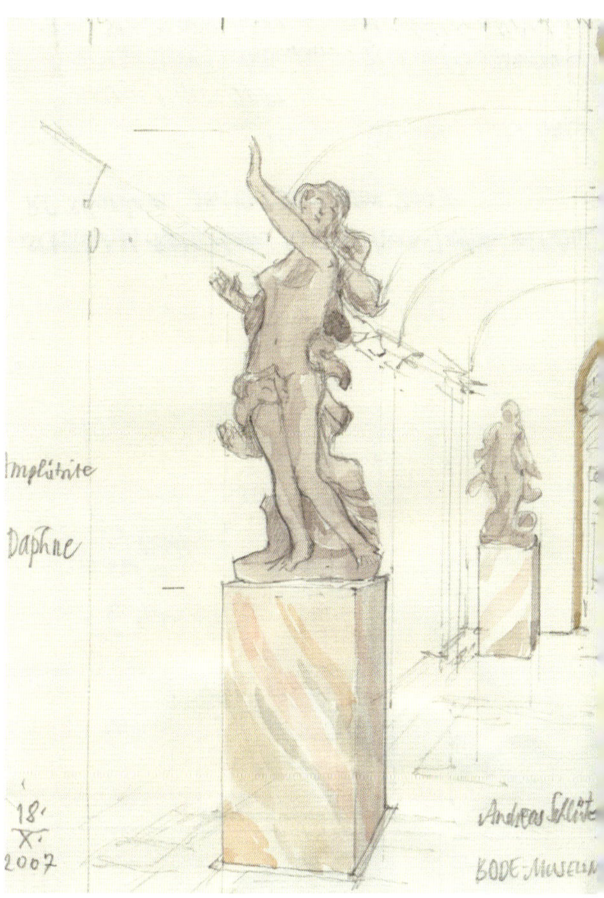

Abb. 7
Daphne, Bode-Museum, Berlin
18.X.2007

Ein direktes Eingehen auf das, was gerne umschrieben wird mit: *Entschleunigung* oder *Lob der Langsamkeit* will ich hier nicht unternehmen, aber auffallend sind die vielen Angebote für die von Stress geplagte Berufswelt: Eine Woche Klostereinsamkeit, um zu sich selbst zu finden; autogenes Training; Wellness-Aufenthalte in unzerstörter Natur, kurzum, der Trend „reif für die Insel" sagt viel über Sehnsüchte, Bedürfnisse und Verluste der Menschen aus.

Mit der in vorliegender Schrift erläuterten methodischen Anleitung zum perspektivischen Zeichnen kann die Umwelt auf eine heute fast unbekannte, aber äußerst umfassende Weise wahrgenommen werden. Durch das genaue Beobachten beim Vorgang des (Ab-)Zeichnens vollzieht sich bei hoher Konzentration ein *Sich-Öffnen zu den Dingen und Gestalten*. Durch ein geradezu liebevolles *Umkreisen* einer vorgefundenen Situation mittels Augen und zeichnender Hand geschieht etwas, was für jegliche Auseinandersetzung mit einem „Sachverhalt" von großer Bedeutung sein muss. Es entsteht sowohl eine neue Vertrautheit als auch eine *Distanz* zu den Dingen *und* es schafft eine Distanz zu sich selber.

In meiner Schulzeit lernten wir – zunächst sicherlich ohne den tieferen Sinn hinter der Aussage zu begreifen – dass Distanz ein Zeichen von Bildung sei. In der Tat, einen *Abstand* zu den Dingen und Sachverhalten der Auseinandersetzung, und damit gerade auch zu sich selber zu gewinnen, ist ganz unbestritten von Vorteil, und zwar für alle Beteiligten.

Individualität ist in unserer Zeit in allen Lebensbereichen sehr groß geschrieben. Kreativität wird in Ausbildung und im Berufsalltag gerne als Anspruch formuliert und oft bemüht. Ohne nun allzu sehr auf die sprachliche Herkunft dieses Begriffs einzugehen, sei nur erwähnt, dass das lateinische Verb *creare* so viel bedeutet wie *erschaffen, schöpfen, erwählen,* ja, *wachsen lassen* (was an die Verwandtschaft mit dem Verb *crescere* denken lässt). Es ist ein Vorgang von hoher Konzentration, Rationalität, Zielgerichtetheit und von Leidenschaft. Kreativität im landläufigen Sprachverständnis wird aber eher verstanden als unbekümmerte individuelle Spontaneität, ausgelebte Intuition,überbordende Lust an so etwas wie „action", als ein impulsives Ausleben eher unmittelbarer Regungen.

Abb. 8
Modell eines Kutters,
Salon du Victor Hugo, Paris
7.VI.96

Kinder können in hohem Maße kreativ sein, wenn ihnen Gelegenheit gegeben ist, sich mit Ernst und Hingabe einer Tätigkeit ihres Interesses zu widmen. Von der Seite der Erwachsenen aus wird dieses totale sich Versenken oft als beneidenswerte Begabung bewundert, und den kleinen *Kunstwerken*, die von Kinderhand entstanden sind, eignet immer etwas völlig Authentisches, etwas selbstverständlich Überzeugendes.

Ich bin sicher, dass in jedem Menschen tief im Verborgenen ein Verlangen steckt, sich in hingebungsvoller Weise – dem Kind ähnlich – mit den Händen etwas zu erschaffen, das vor dem eigenen Urteil bestehen kann. Das zeichnerisch genaue Nachvollziehen einer Situation kann meiner Erfahrung nach sehr wohl dieses Verlangen stillen.

„Was nützt es, dass wir den Leuten etwas von der Schönheit des Sichtbaren erzählen, wenn sie nicht sehen können? Man sollte endlich damit beginnen, den Menschen das Sehen beizubringen." Dieser Ausspruch von C.G.Jung hat sich in meiner Berufspraxis, angehende Bauschaffende mit dem freihändigen Zeichnen vertraut zu machen, auf immer neue Weise bewahrheitet. Denn es ist wirklich so: Wer auch immer, Fachmann oder Laie, das freihändige perspektivische Zeichen lernt und praktiziert, wird damit unmittelbar auch lernen, zu *sehen*.

Aber Sehen, das kann doch jeder. Ja und nein, denn es gibt Unterschiede, und um das deutlich zu machen, zitiere ich nochmals Heinz Wetzel: *„Andacht des Schauens, den Blick an nadelscharfe Beobachtung gewöhnen! Das gebildete Publikum hat sein Sehvermögen durch Entwöhnung eingebüßt wie der Grottenolm. Der heutige Mensch reagiert nur noch auf Schriftzeichen und Verkehrshindernisse. In Galerien und Zeitschriften schaut er noch Bilder an, im Alltag sieht er nur Gegenstände und keine Bilder mehr."*

Aus dieser Sicht der Dinge möchte ich mein eingangs gegebenes Versprechen, die Welt aufgrund der im folgenden vorgestellten Zeichen-Methode in ungewohnt neuer Art zu „erobern" abwandeln und sagen: Dieser zeichnende Mensch, der sich der versteckten Schönheit der Welt *zuwendet*, ist viel eher als ein zärtlicher Liebhaber zu verstehen als ein Eroberer. Er ist als *ein der Welt sich Hinwendender* zu begreifen.

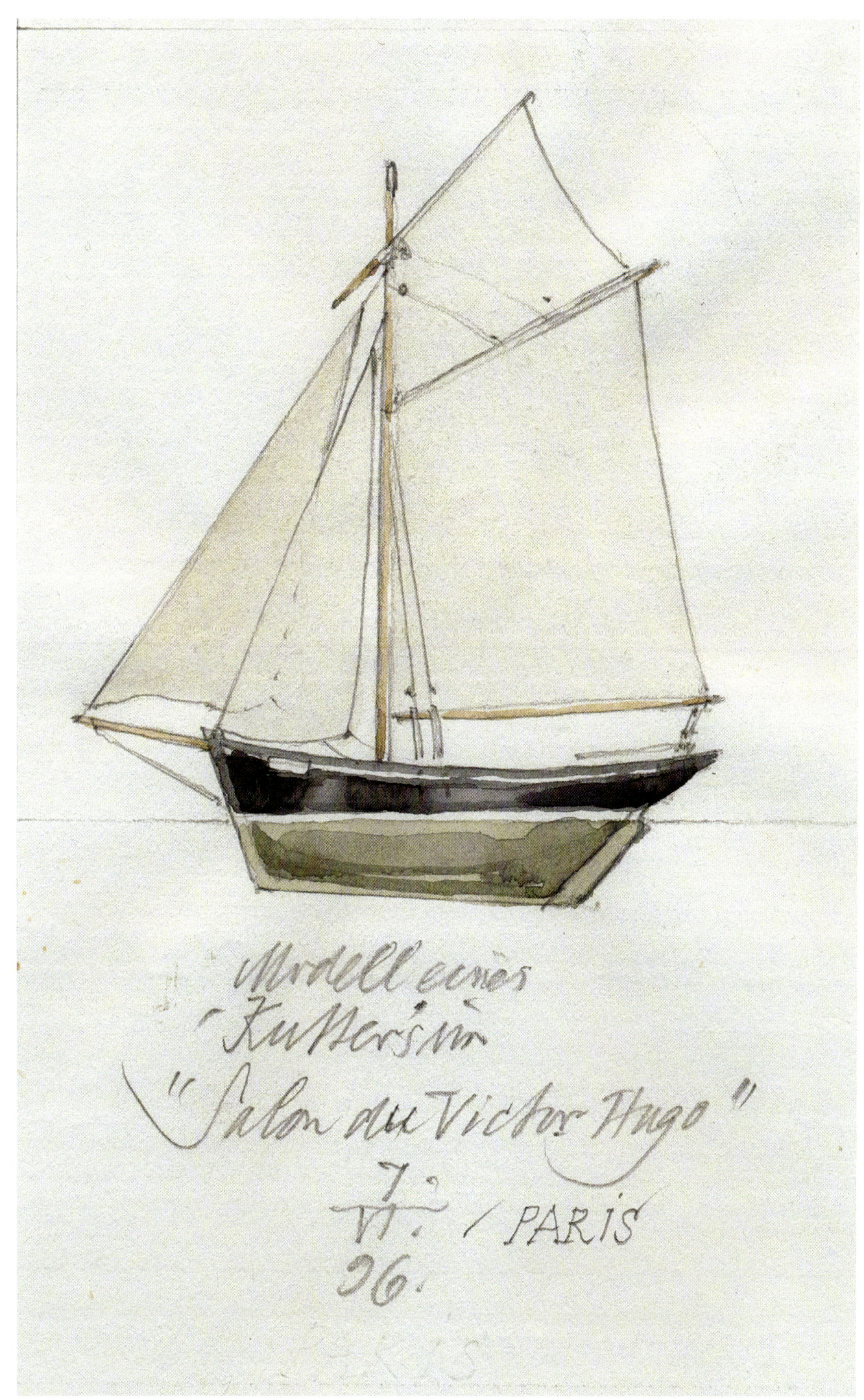
Modell eines
'Kutters' im
"Salon du Victor Hugo"
7.
VI. / PARIS
96.

Das Was bedenke,
mehr bedenke wie.

Johann Wolfgang von Goethe
(Faust II, 2. Akt)

Die Methode

Um den Vorgang des optischen Übertragens von Proportionen und Fluchten auf die Zeichenebene als Kurzfassung meiner Methode bekanntzumachen, möchte ich dies in unterschiedlich knapper Form tun.

1. Im Vorausgriff darauf, dass die räumliche Situation, die wir mit zeichnerischem Interesse beobachten, zu einem ebenen, flächigen Bild werden wird – die Dreidimensionalität wird zur bloßen zweidimensionalen Fläche auf dem Zeichenblatt – können die einzelnen Objektpunkte des Motivs, obwohl sie alle in Wirklichkeit sehr weit auseinanderliegen und nichts miteinander zu tun haben, mit der Bleistiftkante anvisiert und miteinander in Bezug gebracht werden, um dann exakt auf die Zeichenebene zu gelangen.

2. Wenn wir die Absicht haben, die vollplastisch-räumliche Wirklichkeit einer ganz bestimmten Situation vor Ort zu einem ebenen flächigen Bild werden zu lassen, ist es angebracht, ein Auge zuzukneifen. Für diesen kurzen Moment reduziert sich unsere optische Wahrnehmung zu einem „flächigen Sehen" und genau diese vorübergehende Beeinträchtigung, dieses Handikap, verschafft uns den Vorteil, die in Wirklichkeit weit auseinanderliegenden Gebäudekanten (Objektpunkte) mühelos mit der Bleistiftkante miteinander in direkte Verbindung zu setzen und sie durch dieses Anvisieren mit dem Bleistift auf unsere Zeichenebene zu übertragen. Ebenso lassen sich die perspektivisch auf den Horizont zulaufenden Gebäudefluchten oder andere „Tiefenlinien" mit der Bleistiftkante anvisieren und – bei zugekniffenem Auge – auf das Zeichenblatt setzen. Dieses Methode des „optischen Anvisierens" ist verblüffend genau: Ja, sie ist weitaus präziser als irgendwelche anderen Versuche, sich Größenverhältnisse durch sonstige Abmessungen zu verschaffen.

Die *Thulesius-Methode* des freihändigen Skizzierens einer gegebenen Situation vor Ort ist mit der *Glastafelmethode* eines Leon Battista Alberti (1404–1472) entfernt verwandt. Nur bedient sie sich nicht einer auf einem Zeichentisch montierten Glasscheibe mit einem dazugehörigen Gestell für das Okular, sondern sie ist – bei gleicher Exaktheit – wesentlich einfacher.

Benötigt wird eine feste Zeichenunterlage (Skizzenblock) und ein Zeichenstift (Bleistift oder auch Füllfederhalter). Wie beim Bogenschießen muss man allerdings ab und zu das eine Auge zukneifen können. (Abb. 9 und 10)

Wie funktioniert nun diese Art des freihändigen perspektivischen Zeichnens?

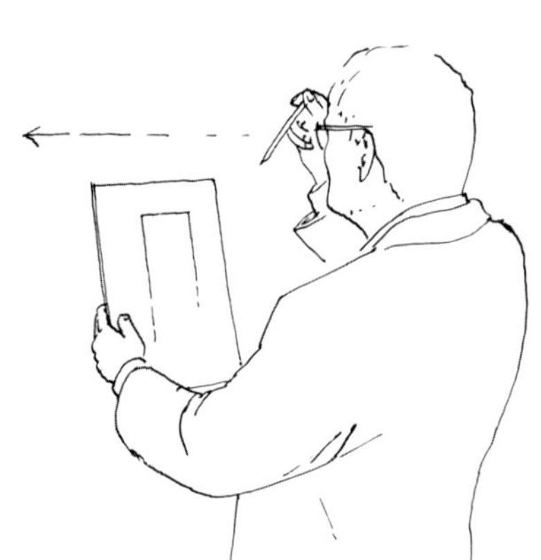

Abb. 9
Die Thulesius-Methode

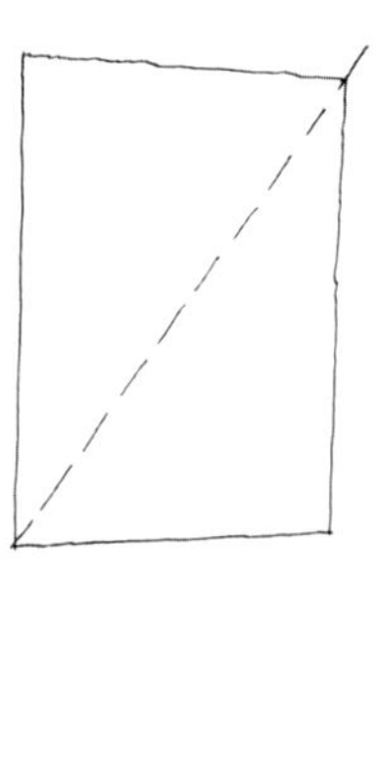

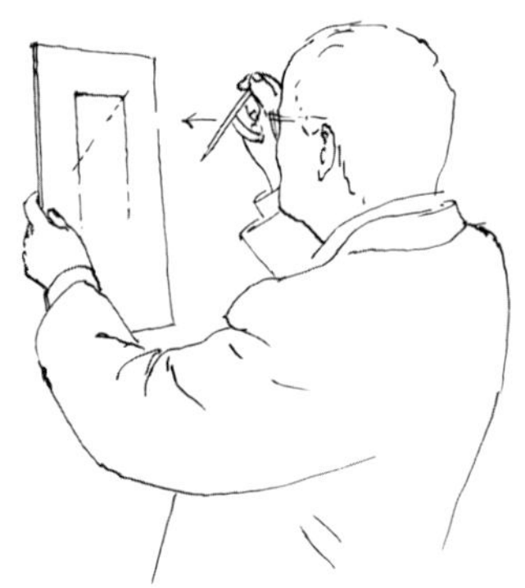

Abb. 10
Die Thulesius-Methode

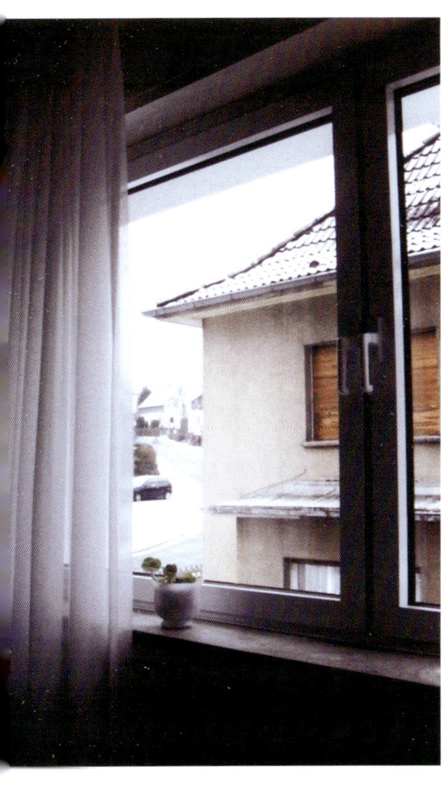

Abb. 11–13
Blicke aus dem Fenster

Das Beste ist es, meine ich, wenn Sie sogleich einmal versuchen wollten, mit meiner Hilfe selber auszuprobieren, ob es auf Anhieb vielleicht gelingen könnte mit dieser Art des Zeichnens.

Angenommen, Sie sitzen gerade in Ihrem Zimmer und richten Ihren Blick durch das etwas schräg vor Ihnen liegende Fenster hinaus. Etwa so, wie das, auf dem Foto oben abgebildet, bei mir zu Hause der Fall ist (Abb. 11): Ich kann, schräg am Nachbarhaus vorbeiblickend, die leicht ansteigende Straße gerade noch erkennen. Dieses Motiv ist wohl etwas belanglos, aber für ein erstes *sich bekanntmachen* mit der neuen Methode des freihändigen Skizzierens einer ganz bestimmten Situation vor Ort, ist dieser erste Ansatz genau richtig.

Nehmen auch Sie sich bitte einen Zeichenblock zur Hand und einen Bleistift dazu, und versuchen Sie, einen ähnlich schräg gelenkten Ausblick aus einem Ihrer Fenster zu erlangen. Nun sitzen Sie auf einem Stuhl und probieren unter meiner Anleitung genau das, was Sie da wahrnehmen, abzubilden.

Zum Glück gibt es in den allermeisten Fällen einige gerade vertikale Kanten, die man klar erkennen kann, und deshalb werden wir auch damit beginnen. (Abb. 12)

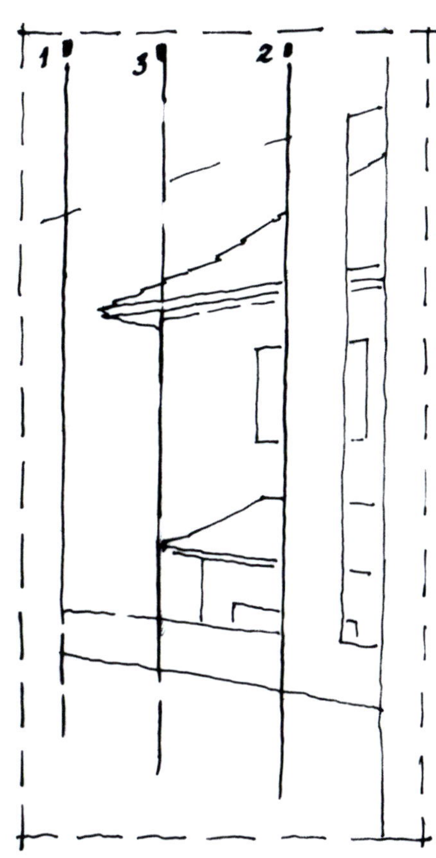

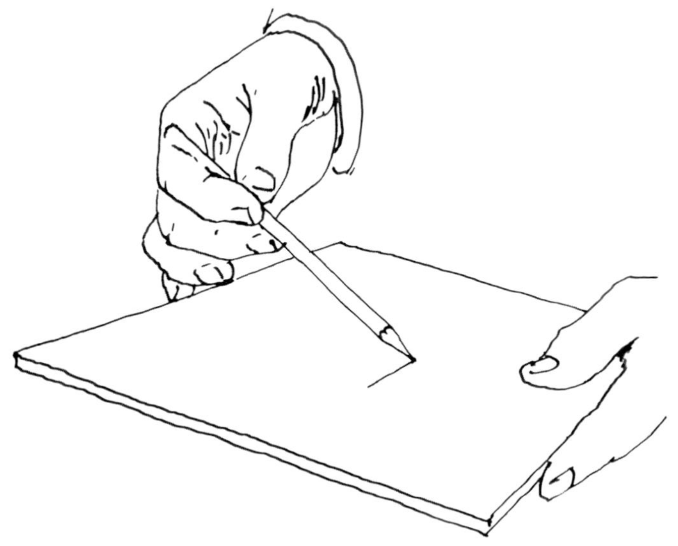

Halten Sie den Zeichenblock so in Ihre Blickrichtung, dass Sie den Ausschnitt „Schrägblick aus dem Fenster“ bequem auf das hochformatige Zeichenblatt bekommen und dass Sie – über den oberen Zeichenblockrand gerade noch hinwegblickend – die vertikalen Kanten, beispielsweise der Fensterlaibung links, des Fensterrahmens rechts und der Kante des Nachbarhauses, ausmachen können.

Abb. 14
Kantenparallele Linien ziehen, zwei Varianten

Markieren Sie die linke Kante (die Fensterlaibung) und den rechten Fensterrahmen sowie die vertikale Gebäudekante des Nachbarhauses, indem Sie ganz oben auf Ihrem Zeichenblock drei kräftige kurze Bleistiftstriche setzen.

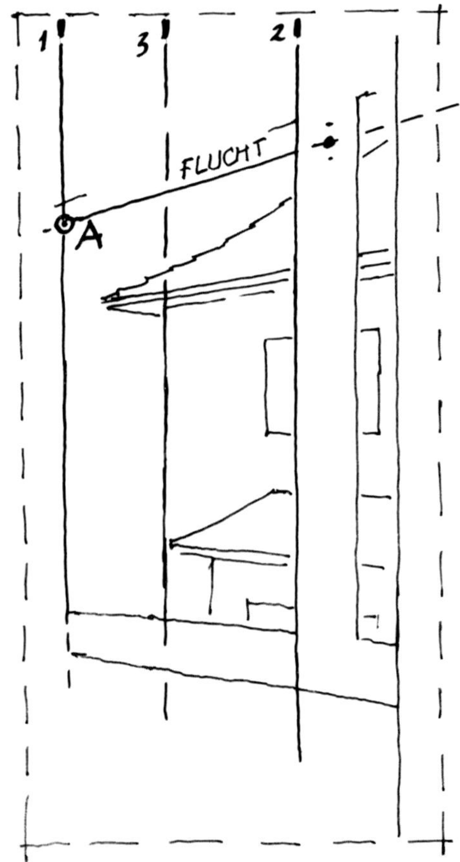

Abb.15
Blick aus dem Fenster

Das wären die vertikalen Kantenlinien *1, 2* und *3*. Durch dieses *Markieren* haben Sie das Motiv in seiner Größe festgelegt, Sie haben gewissermaßen Ihre Bildtafel und Ihre Betrachterposition ein für alle Mal bestimmt. (Abb. 13)

Um nun diese drei vertikalen Linien von den Markierungen aus (oben auf dem Block) auf Ihr Blatt zu bekommen, will ich Ihnen noch zuvor einen Trick verraten, wie das am leichtesten auszuführen ist. Seit alters her haben es die Bauhandwerker immer schon so gemacht, wie Sie es oben auf der Skizze sehen können: Mit einem oder zwei Fingern gleitet man an der Kante des Zeichenblockes (des Holzes oder des Steins) sanft entlang und nimmt den Zeichenstift einfach mit, wobei sich die Finger untereinander und *fest* gegeneinander abstützen. Dabei muss die Hand mit dem Stift eine ganz feste Verbindung eingehen, sie muss gewissermaßen zu *einem* Werkzeug werden, sonst wird das nichts. (Abb. 14)

Drei vertikale, kantenparallele gerade Linien sind auf dem Zeichenblock zu erkennen und jetzt bestimmen Sie links oben auf dem Blatt einen Eckpunkt, – *A* (frei zu wählen) – an dem die Fensterlaibung mit dem Fenstersturz zusammenkommt. (Abb. 15)

Die – aus unserer Sicht – leicht nach rechts hin ansteigende Unterkante des Fenstersturzes ist eine auf dem Zeichenblatt schräg verlaufende Linie.

Ganz allgemein wäre man nun wohl versucht, einen spontanen Versuch zu unternehmen, um aus dem Gefühl heraus die Richtung dieser leicht ansteigenden Linie auf das Zeichenpapier zu setzen. Aus Erfahrung geht das allerdings schief, denn ein *Ungefähr* reicht für eine gute Skizze eben *nicht* aus.

Der Bleistift ist hier das richtige Hilfsmittel, um die exakte Lage (die Neigung oder Flucht) dieser Unterkante des Fenstersturzes auf den Block zu übertragen; und das geschieht folgendermaßen:

Ein Auge zukneifen und die untere (oder obere) Kante des Stiftes mit dieser geraden Linie (= der Unterkante des Fenstersturzes) zur Deckung bringen. Dann so festhalten und den Zeichenblock in die Blickrichtung führen, und zwar so, dass die Kante des Stiftes diesen Eckpunkt *A* berührt. Wenn Sie nun geschwind etwas weiter rechts eine kleine Markierung – einen Punkt – auf das Zeichenpapier hinsetzen, wo der Bleistift diese ansteigende Linie (= die Flucht) anzeigt, haben Sie die genaue Richtung, die Flucht, auf Ihren Zeichenblock übertragen.

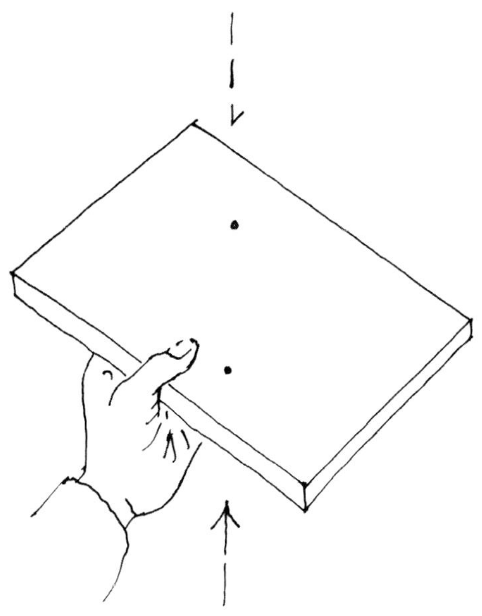

Abb. 16a
Eine gerade Linie in allgemeiner Lage

Es empfiehlt sich immer, auch für den geübteren Zeichner, das Auffinden dieser Flucht-Richtung mindestens noch ein Mal zu überprüfen, denn ein einmal gemachter Fehler zieht sich mit immer schwerwiegenderen Folgen durch die ganze Arbeit. Was nun aber noch fehlt, ist der Bleistiftstrich, der von Punkt *A* zu der gerade eben notierten Markierung dieser Richtung gezogen werden muss.

Diese gerade Linie verläuft leider nicht kantenparallel zu einer der Zeichenblockkanten. Damit aber diese Linie nicht bogenförmig oder krumm geraten soll, wird es wichtig sein, den Zeichenblock *so* zu halten, dass die beiden Endpunkte in Blickrichtung gebracht werden. Denn eine gerade Linie (in allgemeiner Lage) entstehen zu lassen, gelingt immer wesentlich besser, wenn man den Stift geradewegs auf sich zuführt. (Abb. 16a)

Handelt es sich dabei um eine recht lang zu ziehende Gerade, dann kann man sich diese Arbeit noch etwas vereinfachen, indem man die Zeichenebene stark in die Blickrichtung *Punkt zu Punkt* schwenkt, sodass die Entfernung zwischen den (End-)punkten scheinbar gegen Null tendiert, und die Mine des Zeichenstiftes langsam aber stetig auf ihr Ziel „zugezittert“ kommt.(Abb. 16b)

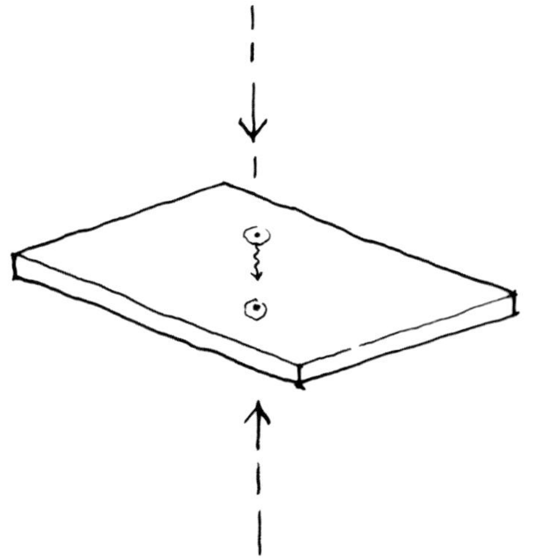

Abb. 16b
Schwenken des Zeichenblocks

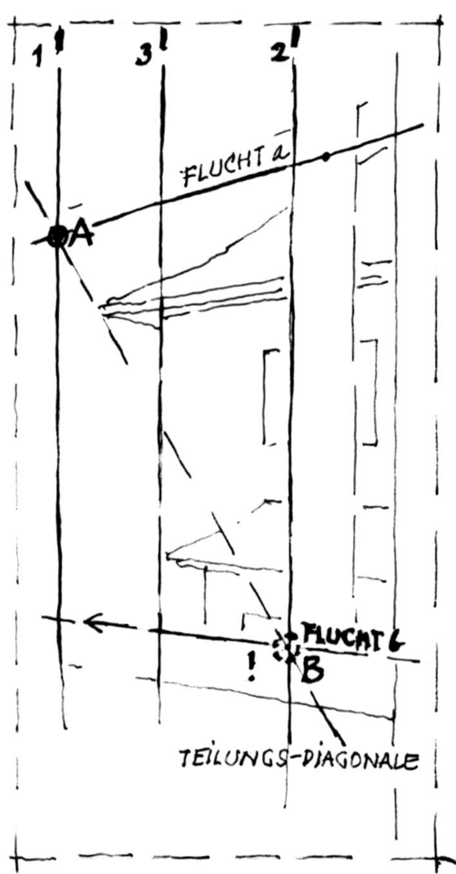

Abb. 17
Blick aus dem Fenster

Es ist generell zu empfehlen, Linien leicht und eher zart auf dem Blatt Papier zu ziehen. Erst wenn die Zeichnung zu einem zufriedenstellenden, vielleicht auch zwischenzeitlichen, Ende gebracht worden ist, kann man überlegen, wo es angebracht wäre, eine Konturlinie oder den Bereich eines wichtigen Vordergrundes etwas kräftiger nachzuziehen. „Dick aufdrücken" ist nur etwas für Protze.

Zwei wichtige Dinge beim freihändig perspektivischen Zeichnen sind uns nun bekannt geworden und wir haben sie ausgeführt: Das *Markieren* von mindestens zwei vertikaler Kanten, und das *Fluchten* einer Linie. (Abb. 17) Jetzt kommt ein wichtiges Drittes hinzu: das *Proportionieren.*

Die Proportion, das Größenverhältnis einer Fläche, ist von ebenso großer Bedeutung für jegliche räumlich-körperhafte Darstellung, wie der Verlauf der Tiefenlinien, der Fluchten. Und wieder ist es unser Zeichenstift, der als *das* geeignete Hilfsmittel bei diesem Vorgang Anwendung finden wird:

Ein Auge zukneifen und die untere (oder obere) Kante des Stiftes so in das Blickfeld halten, dass sie den oberen linken (scheinbaren) Schnittpunkt von Fenstersturz und linker oberer Kante der Fensterlaibung *A* und den unteren rechten (wiederum scheinbaren) Schnittpunkt von unterem fluchtenden Fensterrahmen und dem vertikalen Fensterrahmen berührt. Jetzt so festhalten und den Zeichenblock wiederum in die Blickrichtung führen, und nun auf der vertikalen Linie des Fensterrahmens diesen Schnittpunkt *B* markieren. Der Bleistift hat nun mittels einer *Teilungsdiagonalen* oder *Proportionierenden* das – aus Ihrer Sicht und Position heraus – genaue perspektivische Größenverhältnis des Fensters ermittelt.

Diese *Teilungsdiagonale* ist nun keine direkt sichtbare, jedoch eine nachvollziehbare, eine für den konstruktiven Aufbau unserer Zeichnung überaus wichtige, – allerdings imaginäre – Linie.

Im Wesentlichen sind damit die drei entscheidend wichtigen und methodisch bedeutungsvollen „Operationen" vorgestellt worden. Denn alle weiteren Maßnahmen bei dieser Art des zeichnerisch genauen Erfassens einer Situation entsprechen diesen handwerklichen Vorgängen.

Wenn wir von der Markierung *B* aus, auf die oben schon beschriebene Weise eine weitere Flucht, nämlich die untere Begrenzungskante des Fensterglases, auf die Zeichenfläche übertragen, ist uns die Proportionierung des Fensters gelungen.

Es geht also um das optisch-zeichnerische Übertragen einer dreidimensionalen räumlich-körperhaften Wirklichkeit auf die bildhafte Zweidimensionalität der Zeichenebene.

Dabei bedient sich die *Thulesius-Methode* (Abb. 18) des optischen Anvisierens von Fluchten und von Proportionierenden und deren Übertragung auf die Zeichenebene mithilfe des Bleistiftes, wobei die (obere) Kante des Stiftes jeweils nur die *Richtung* einer geraden Linie anzugeben hat, die Länge des Bleistiftes ist dabei völlig unwichtig.

Im Folgenden werde ich noch deutlich zu machen versuchen, wie man einen guten Standort und einen passenden Bildausschnitt auswählen und bestimmen kann, damit das Typische, das Charakteristische oder das Besondere einer Gegebenheit möglichst prägnant auf die Zeichenfläche gelangt. Worauf ich aber ganz am Anfang Ihrer Bemühungen im Skizzieren doch schon hinweisen möchte, ist dieses: immer das Wichtigste zuerst. Und ebenfalls: vom Übergeordneten zum Detail oder anders ausgedrückt – vom Großen zum Kleinen.

Was aber sind eigentlich *Fluchten*? Das sind Tiefenlinien, die zu einem Verschwindungs- oder Fluchtpunkt auf dem Horizont zulaufen. Mit Horizont ist die Aughöhe des betrachtenden Zeichners gemeint. (Abb. 19a)

Und was sind eigentlich *Proportionierende*? Das sind teilungsdiagonale gerade Linien, welche die Ausdehnung einer Fläche, ihre Proportion (das Verhältnis von Höhe und Tiefe) bestimmen. (Abb. 19b)

Einen ersten Versuch haben Sie unternommen, eine ganz alltägliche Situation zeichnerisch zu erfassen. Ob es Ihnen wirklich gelungen sein sollte, so ziemlich ad hoc eine perspektivische Skizze auf das Blatt Papier zu bringen? Ich weiß es nicht. Vermutlich ist für Sie das alles mehr oder weniger neu und mancher gut gemeinter Hinweis ist Ihnen noch unverständlich geblieben. Aber es sei mit Nachdruck darauf hingewiesen, dass es viel zu schade wäre, jetzt aufzugeben.

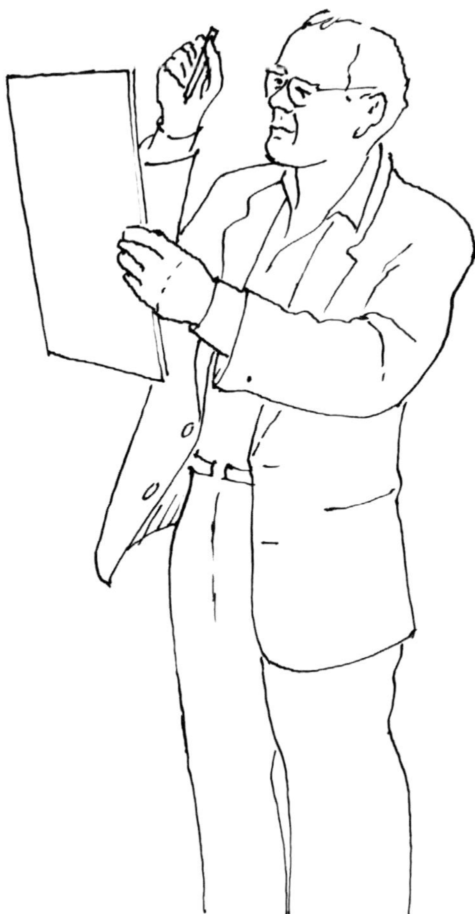

Abb. 18
J. D. Thulesius, zeichnend

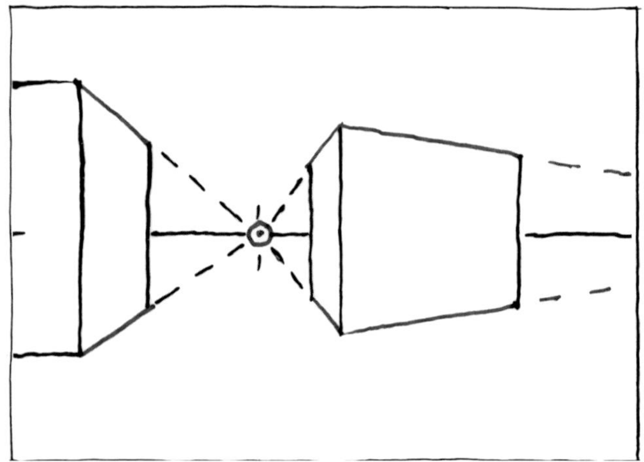

Abb. 19a
Zwei Kuben, der Horizont und die Tiefenlinien

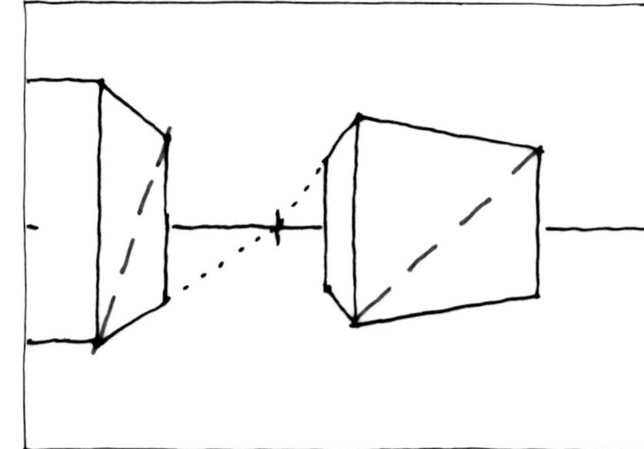

Abb. 19b
Zwei Kuben mit jeweils einer Diagonalenteilung

Denn auf Anhieb Italienisch sprechen zu können oder sofort mit dem frisch erworbenen Saxophon einige elegante Melodien zu spielen, das lässt sich nicht machen. Deshalb starten wir einen neuen Versuch, und dieses Mal wird sich die Aufgabe sicherlich etwas einfacher gestalten. Bleiben Sie in Ihrer Wohnung, in Ihrem Zimmer.

Sie selber sitzen auf einem Stuhl vor der Stirnwand Ihres Zimmers und möchten genau diesen Blick, so, wie er sich Ihnen darbietet, perspektivisch exakt auf Ihren Skizzenblock übertragen. Ihre Betrachterposition sollte so eingenommen werden, dass Sie sich mit Ihrem Oberkörper genau parallel zu der vor Ihnen befindlichen Wand befinden, aber bitte nicht genau mittig.

Die seitlichen Wände und damit alle Tiefenlinien, die Fußleisten beispielsweise und die Verschneidungslinien von Wänden und Decke verlaufen in Wirklichkeit parallel zueinander, werden sich jedoch in der perspektivischen Zeichnung so darstellen müssen, als liefen sie auf einen einzigen Punkt zu, deshalb bezeichnet man diese Darstellungsweise auch als *Einpunkt-Perspektive*. Dass Sie die Wand vor sich vermutlich als liegend rechteckig erkennen werden, ist Ihnen wohl erst in dem Moment zum Bewusstsein gekommen, in dem Sie Ihrem eigenen Zimmer etwas mehr Aufmerksamkeit gewidmet haben, und zwar einfach deshalb, weil sich Ihnen die Aufgabe stellt, diesen Raum zeichnerisch zu erfassen.

Sogleich wird die erste Schwierigkeit auftauchen, wenn Sie sich anschicken, das genaue Verhältnis von Höhe zu Breite, die Proportion der Wand, exakt auf die Zeichenebene zu übertragen.

Im Ansatz werden Sie aber nichts falsch machen, wenn Sie einen oberen Abschluss der Wand als eine gerade Linie annehmen und links wie rechts davon – Sie bestimmen die Breite der Stirnwand nach Belieben – jeweils im rechten Winkel zwei weitere gerade Linien senkrecht auf das Blatt zeichnen. Dieses auf den Kopf gestellte *U* ist zunächst als Ausgangsposition schon ganz richtig gesehen. (Abb. 20)

Worauf es jetzt ankommen wird, ist, die genaue Proportion der Stirnwand, die Sie vor Ihren Augen sehen, zu bestimmen. Es geht also darum, die untere Begrenzung der Stirnwand auf Ihrem Skizzenblock einzuzeichnen.
Es geht um die Bestimmung der Größenverhältnisse einer Fläche.

Sicherlich bestünde die Möglichkeit, sich die Maße der Stirnwand mit dem Zollstock zu besorgen, sie dann in einen zu Ihrer Skizze passenden kleineren Maßstab umzurechnen, und dann auf das Papier zu übertragen. Was wäre das aber für ein gewaltiger Aufwand. Nein, bleiben Sie auf Ihrem Stuhl sitzen und bedienen Sie sich der einfachen Hilfsmittel, die Ihnen zur Verfügung stehen: Ihrer Augen und Ihrer Hände in Verbindung mit dem Zeichenstift.

Der Bleistift wird Ihnen wieder außerordentlich gute Dienste erweisen. Sie werden ihn benutzen, um damit auf visuelle Weise die Linien, die Sie vor sich in der Realität wahrnehmen können, auf Ihren Zeichenblock zu übertragen. Sie haben diesen Vorgang im ersten Versuch Ihrer neuen Zeichenstudien bereits praktiziert, doch ich werde Ihnen weiterhin Anleitungen dazu geben.

Ein Auge zukneifen und den Bleistift, wie auf der Abbildung dargestellt, in die Hand nehmen und ihn so in Ihr Gesichtsfeld, in Ihren „Sehkegel“, hineinhalten, dass der Stift bequem die Stirnwand von der rechten oberen bis zur linken unteren Ecke überspannt und dabei mit seiner oberen (oder unteren) Kante die Eckpunkte genau berührt. (Abb. 21)

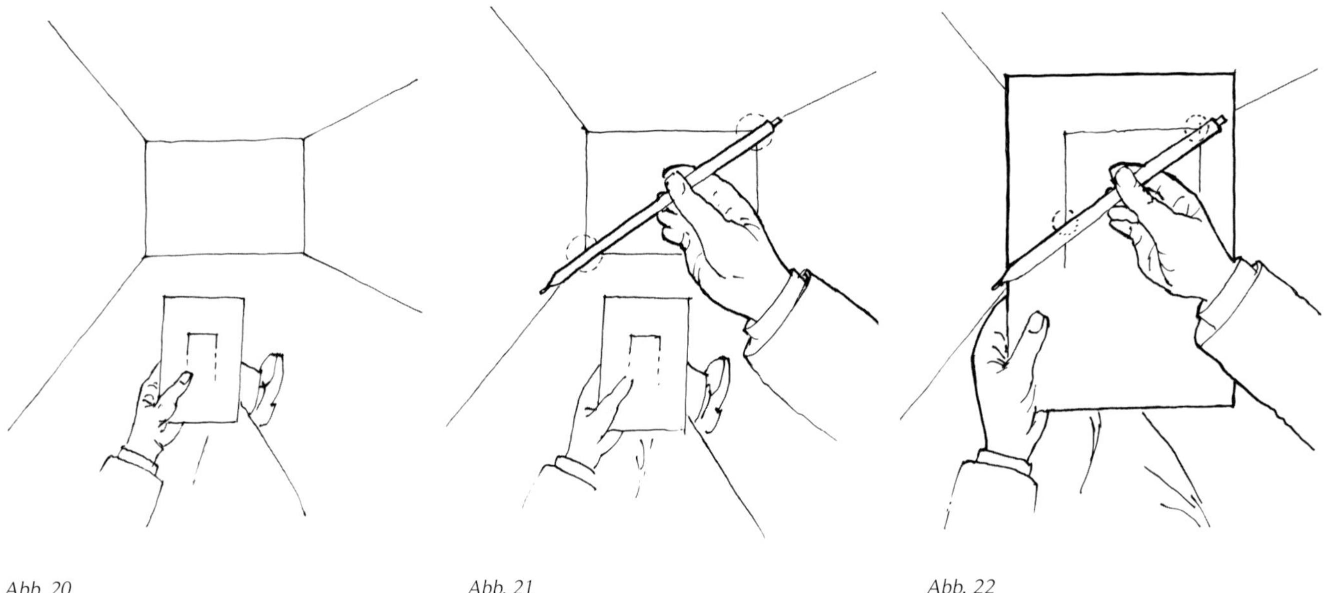

Abb. 20 *Abb. 21* *Abb. 22*

Diese Position so festhalten und gleichzeitig den Zeichenblock in diesen „Sehkegel" hineinführen, dass er hinter Ihrer „Stift-Hand" – senkrecht gehalten – seine Position derart einnimmt, dass der Stift genau die – von Ihnen bereits auf dem Block skizzierte – rechte obere Zimmerecke berührt. Nun kommt es darauf an, sich einen Punkt auf der linken senkrechten Linie, der linken Zimmerinnenecke, zu merken und möglichst schnell zu notieren. Diesen gerade soeben beschriebenen Vorgang muss man nochmals, vielleicht auch weitere Male, wiederholen, um auch sicher sein zu können, dass sich exakt hier die gesuchte linke untere Raumecke befindet. Damit ist die Proportion der Stirnwand präzise auf das Zeichenblatt übertragen worden. (Abb. 22)

Um ein Missverständnis auszuräumen, das erfahrungsgemäß häufig auftreten kann, will ich ausdrücklich darauf hinweisen, dass die Position sowohl der Bleistift-Hand wie auch die der Zeichenebene durchaus etwas dichter oder auch etwas weiter entfernt vom Auge gewählt sein kann. Zur Beachtung: Auf die Genauigkeit der *optischen Einmessung* hat das überhaupt keinen Einfluss.

Vor allen Dingen bei den ersten Versuchen solch einer Bestimmung vom Größenverhältnis einer Fläche – der Proportionierung – und ebenso bei der Übertragung von Fluchten, sollten Sie sehr selbstkritisch zu Werke gehen, denn gerade zu Beginn Ihrer zeichnerischen Beobachtungen gibt es leicht ein Vertun mit den Proportionen, sowie mit den Fluchten. Denn der erste Augenschein möchte einem Glauben machen: „Das müsste doch wohl bestimmt *so* aussehen"; – tut es aber eben oft doch nicht.

Damit hätten wir das sehr genaue Erfassen der Größenverhältnisse der Stirnwand unseres Raumes bewältigt.
Die Proportionierung einer Fläche ist uns gelungen.

Die noch so genau „reproduzierte" Wandfläche eines Zimmers ist und bleibt aber immer nur eine plane, ebene Fläche. Erst die perspektivisch dazugehörigen – und gewissermaßen auf uns zulaufenden – Seitenwände sind in der Lage, so etwas wie Tiefenwirkung, so etwas wie *Raum* entstehen zu lassen.

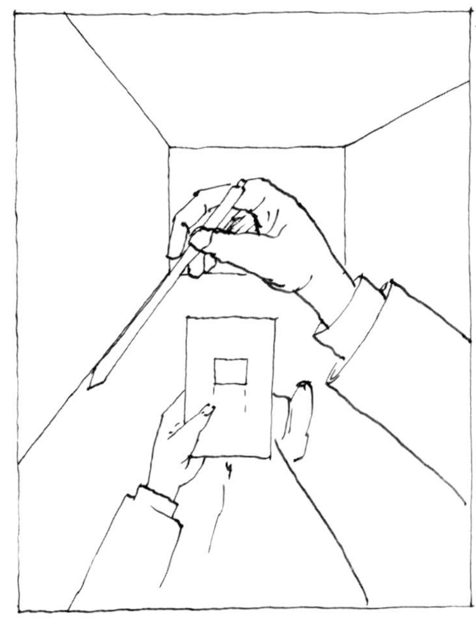

Abb. 23

Die oberen und unteren Begrenzungslinien dieser Seitenwände sind Tiefenlinien oder Fluchten, die sich, wenn man diese Geraden in der Vorstellung verlängern würde, in einem Punkte träfen. Diesen Punkt nennt man Fluchtpunkt, und so werden diese in die Tiefe auf den Fluchtpunkt zu verlaufenden Begrenzungslinien von Fußboden, Wänden und Decke auch Fluchtlinien genannt.
Im Folgendem geht es um die Übertragung der Flucht- oder Tiefenlinien.

Wieder ist es der Zeichenstift, der uns als „optisches Hilfsmittel" dazu verhelfen kann, diese Tiefen- oder Fluchtlinien exakt auf den Zeichenblock zu übertragen. (Abb. 23)

Abermals müssen wir ein Auge zukneifen und mit der Bleistifthand, wie auf der Abbildung rechts oben gezeigt, die obere Kante des Stiftes mit der Flucht der oberen Verschneidungslinie von Wand und Decke so in Übereinstimmung bringen, dass sie als deckungsgleich (kongruent) erscheinen.

Auch diese Position so festhalten und wiederum den Skizzenblock in Ihren „Sehkegel" hineinführen, dass die Bleistiftkante die linke untere Ecke der Stirnwand zu berühren scheint. Dabei sollten Sie darauf achten, dass die Zeichenebene senkrecht und möglichst im rechten Winkel zu Ihrem Hauptsehstrahl, der Visierlinie gehalten wird. (Abb. 24)

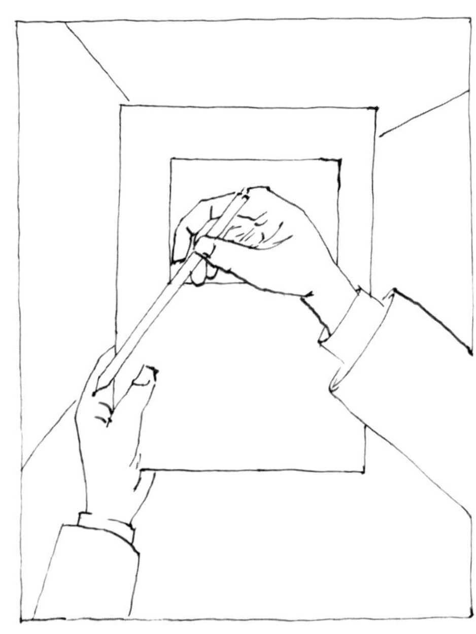

Abb. 24

Zwei Punkte bestimmen die Lage einer Geraden und deshalb müssen Sie nun einen oder zwei gewissermaßen zur Auswahl bestimmte Punkte auf Ihr Zeichenblatt dorthin setzen, wo Ihrer Beobachtung nach der Bleistift die Richtung vorgegeben hat. Diesen Vorgang des *Anvisierens* müssen Sie mindestens noch ein Mal wiederholen, um selber davon überzeugt sein zu können, dass der untere Abschluss der Wand auch wirklich derart steil in die Tiefe verläuft.

Die drei anderen Tiefenlinien werden auf dieselbe Weise auf das Zeichenblatt gebracht wie gerade beschrieben und damit sind Stirnwand, Seitenwände, Fußboden und Decke auf dem Skizzenblock sichtbar geworden.

Nicht allein die Bestimmung des Größenverhältnisses der vor Ihnen befindlichen Stirnwand des Raumes wurde genau erfasst, sondern nunmehr kann die *perspektivische Raumwirkung* klar erkennbar werden.

Wenn es jetzt noch darauf ankäme, an der linken Wand die Position einer Tür oder eines Fensters einzuzeichnen, so würde man wiederum mit dem Stift ein *optisches Anvisieren* ausführen, um von einem bereits bekannten Eckpunkt im Raum auf die Begrenzungslinien dieser Tür – den Schnittpunkten der Türzargen mit der Fußleiste – zu schließen und diese Markierungen mit entsprechenden geraden Linien sichtbar werden zu lassen.

Auf der Skizze rechts kann man das visuelle Übertragen von Proportionen, das Anvisieren mit dem Zeichenstift, recht gut nachvollziehen. (Abb. 25)

Es wird auch deutlich, dass die Lage einer Geraden, wie hier z.B. die Proportionierende einer Fläche – wenn sie einmal genauestens mit dem Stift anvisiert ist – exakt auf die Zeichenebene übertragen werden kann, auch wenn wohlgemerkt Bleistift und Zeichenblock in ganz unterschiedlichem Abstand zum Auge gehalten werden.

Von den verschiedenen Möglichkeiten der perspektivischen Darstellung ist – wie gerade soeben praktiziert – die *Einpunkt-Perspektive* oder *Frontalansicht* zur Darstellung gebracht worden, weil es sich dabei in der Regel um nur einen Fluchtpunkt handelt. Bei unserem allerersten zeichnerischen Versuch handelte es sich um eine *Mehr-*

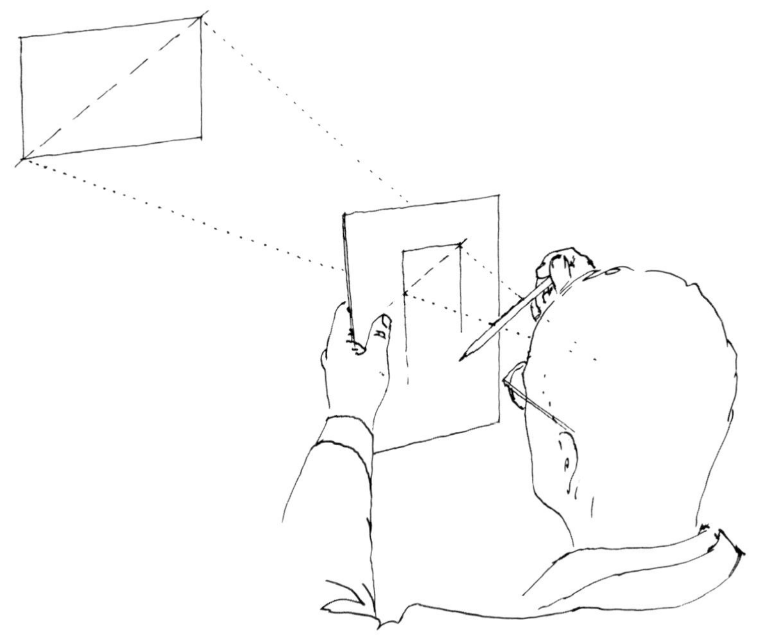

Abb. 25

punkt-Perspektive, weil durch die Stellung der Häuser im Bildmittelpunkt, durch den Verlauf der Bordsteinkanten, sowie durch das Fenster, aus dem der Blick hinausgeht, sehr unterschiedliche Richtungen vorgegeben waren.

Nun will ich den geneigten Leser um etwas bitten: Reden Sie sich jetzt nicht gleich ein, dass diese Prozedur, der Sie sich gerade erst unterzogen haben, wohl doch etwas zu umständlich und viel zu mühsam erscheint.

Lassen Sie sich darauf ein! Denn beim zweiten, dritten und darauffolgenden weiteren Mal dieser handwerklichen Abfolge werden Sie feststellen, dass das Ergebnis Sie dafür belohnt, genauestens beobachtet und ausgeführt zu haben, also: Bleiben Sie dabei!

Wichtig ist es aber auch, beim Ziehen der Striche, *nicht* aufzudrücken. Ziehen Sie lieber dünne Linien auf dem Papier, dann ist auch ein eventuelles Korrigieren noch gut möglich, ohne gleich das Radiergummi zu bemühen.

Es ist mir ein Anliegen, Sie auf einige wichtige grundsätzliche Verfahrensweisen hinzuweisen, damit Ihnen beim freihändig-perspektivischen Zeichnen und Skizzieren recht bald auch gute Fortschritte gelingen mögen.

Das eine Auge muss möglichst beim Vorgang des Anvisierens zugekniffen werden, damit Eindeutigkeit gegeben ist. Wichtig erscheint es mir, nochmals zu betonen, dass die Abstände vom Auge zur Zeichenfläche und zum Bleistift, sowie auch die Abstände untereinander (Stift/Block) für das Erfassen von Proportion und Flucht *keineswegs* von Bedeutung sind. Lediglich die genaue Übereinstimmung der *Richtung* von Proportionierender bzw. Flucht mit der Kante des Bleistiftes ist von entscheidender Bedeutung.

Bei meinen langjährigen Erfahrungen als „Geburtshelfer beim Zeichnen lernen" habe ich mitunter feststellen können, dass einige Studierende verzweifelt versucht hatten, die Länge ihres Bleistiftes mit der jeweili-

Übertragen einer Proportion (Länge · Breite einer Fläche) durch Parallelverschiebung.

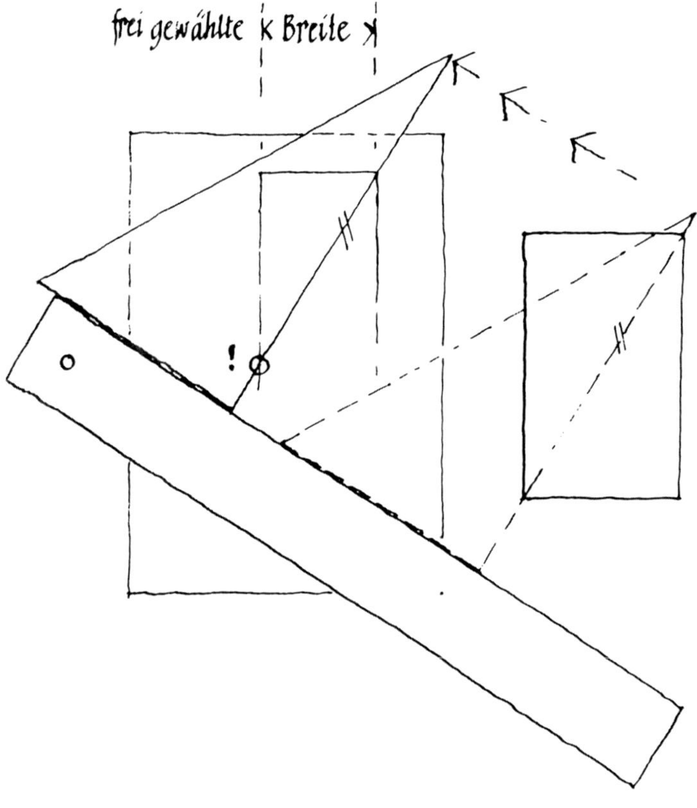

Abb. 26

gen (zufälligen) Länge der Teilungsdiagonalen (=Proportionierenden) irgendwie in Übereinstimmung zu bringen, was sich als völlig unnötig und unsinnig erweisen muss.

Es kommt nämlich bei dieser Art von Fluchten und Proportionieren ausschließlich auf das optische Übertragen der spezifischen Richtung an.

Es ist verblüffend festzustellen, wie schnell und selbstverständlich sich der Mensch mit seinem Gleichgewichtssinn darauf einstellt, den Zeichenblock bei diesem häufigen „in das Gesichtsfeld-Schieben" immer wieder genau in die Senkrechte zu halten.

Das bei der *Thulesius-Methode* im Mittelpunkt stehende Anvisieren und Übertragen von wirklich vorhandenen Fluchten und von zu entdeckenden Diagonalen einer jeweiligen Proportion von Flächen ist durchaus vergleichbar mit dem Parallelverschieben eines Flächenverhältnisses

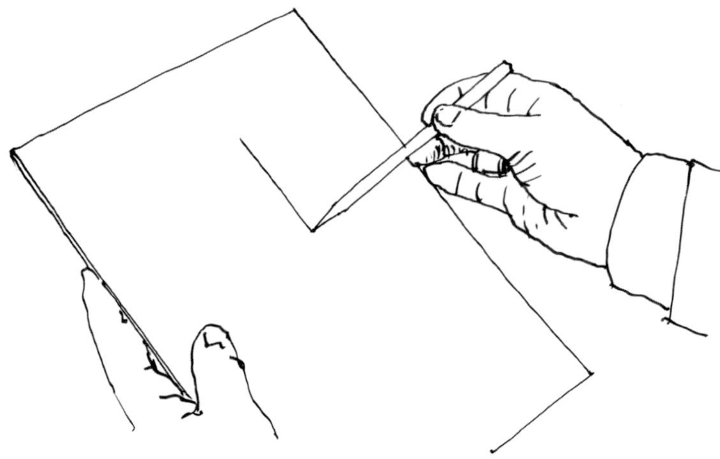

Abb. 27

durch Unterstützung von Lineal und Winkel. Ein Segen ist es allerdings, dass wir dahingegen nur mit sehr „leichtem Gepäck“ auf die Reise zu gehen brauchen: ein Zeichenstift und eine Zeichenunterlage, fertig!

Kantenparallele gerade Linien zu ziehen ist, wie Sie schon feststellen konnten, nach Art der Handwerker – und das Zeichnen ist auch ein Handwerk – recht schnell zu erlernen. (Abb. 26)

Nach meiner Erfahrung ist es am besten, den kleinen Finger und den Ringfinger im Verbund als „Schlitten“ zu benutzen, um an der Kante des Skizzenbuches oder des Zeichenblocks entlang zu fahren, und um gleichzeitig, den Stift parallel zur Blattkante mit auf die Reise zu nehmen. (Abb. 27)

Je weiter sich die Striche ziehende Hand der unteren Blattkante nähert, desto mehr kann sie sich zu einem etwas kompakteren „Werkzeug“ verändern (Abb. 28), sodass die gerade gezogene Linie bis ganz unten durchlaufen kann, wenn das gewünscht ist. (Abb. 29)

Wenn ein sogenannter *Fallminenstift* Anwendung findet, – was ich sehr empfehle! – (siehe Kapitel „Handwerkszeug“), hat das den

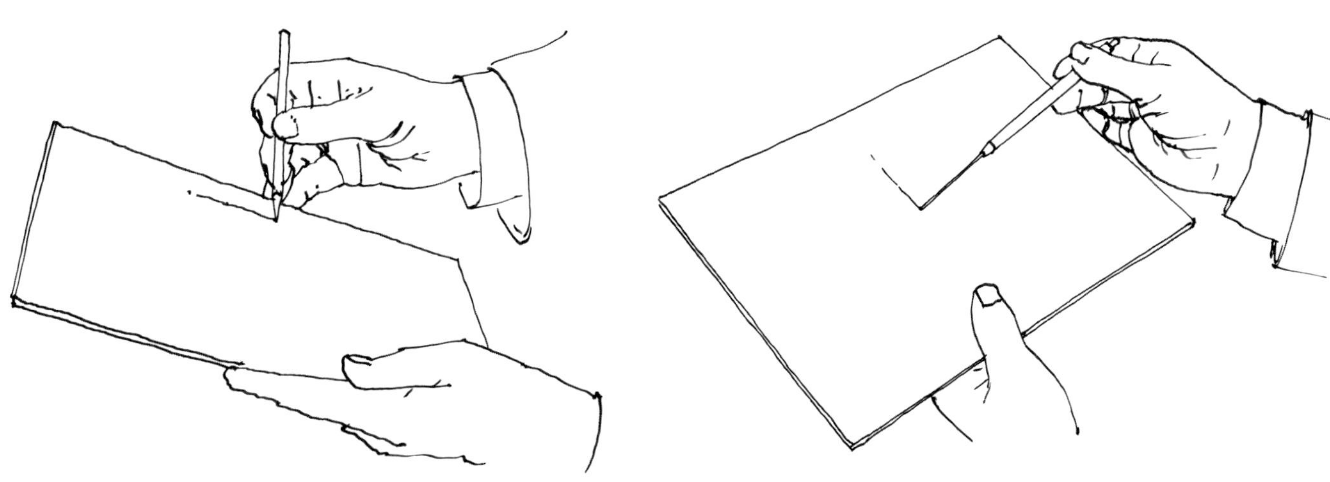

Abb. 28

Abb. 29

großen Vorteil, dass die Bleimine weit ausgelassen werden kann, sodass sich die Reichweite erheblich vergrößert. Diese Maßnahme wird immer dann willkommen sein, wenn Sie einen großen Skizzenblock benutzen möchten oder auch dann, wenn unbedingt das Breitformat zur Anwendung kommen soll. Sie müssen nur achtgeben, keinen Druck auszuüben und den Strich sehr fein zu ziehen, weil die Mine sonst durchbricht.

Eine gerade Linie zu ziehen, die nicht parallel zu den Blattkanten verläuft, die sich also in „allgemeiner Lage" auf dem Zeichenblatt befinden soll, ist, wie Sie bereits haben feststellen können, bedeutend schwieriger auszuführen. Eine Möglichkeit, zwischen zwei Punkten eine gerade Verbindungslinie zu ziehen, besteht darin, zunächst wie probeweise mit dem Zeichenstift hauchzart und leicht über das Papier hinwegzugleiten. Zwischen den beiden Polen hin und her die Richtung gewissermaßen auszuprobieren, um alsdann, wenn die Richtung annähernd zu stimmen scheint, den Strich dann auch Wirklichkeit werden zu lassen.

Wieder eine andere Möglichkeit gibt es, die beiden entfernt voneinander liegenden Punkte rein optisch und scheinbar so nahe aneinander rücken zu lassen, dass der Weg, den der Bleistift auf dem Blatt Papier zurückzulegen hat, sehr viel kürzer zu sein scheint, als er in Wirklichkeit ist. Weiter oben hatte ich ansatzweise diese Anregung schon zu geben versucht. Man muss dazu die Zeichenunterlage derart schräg in die eigene Blickrichtung in Bezug auf die beiden Punkte schwenken, dass sie ganz dicht beieinander zu liegen scheinen. Ein Auge zukneifend, behält man diese nun sehr schräg liegende Zeichenebene im Blick, während der Bleistift diese Entfernung allmählich zurückzulegen versucht. Daraus wird notgedrungen ein „Zitterstrich", doch das tut einer guten Zeichnung gar keinen Abbruch. Denn es ist erfahrungsgemäß immer richtiger, eine Linie – gerade oder leicht geschwungen – langsam und dünn zu ziehen, als schnell und mit viel Druck.

Wer auf diese Weise begonnen hat, aus einer ganz bestimmten Betrachterposition heraus, eine Gegebenheit genau zu beobachten, wird – in einer ungewohnten Freude, neuartige Entdeckungen machen zu können – womöglich an weiteren *Seh-Erfahrungen* Interesse zeigen.

Markieren, Fluchten und Proportionieren, sowie erneutes Markieren etc.; das ist eigentlich das ganze Geheimnis der *Thulesius-Methode*.

Dass sich diese, sicher als etwas mühsam empfundene Art und Weise des stückweisen Zusammensetzens einzelner Punkte und Linien, nach zwei bis dreimaligem Ausprobieren einer räumlichen Gegebenheit sehr schnell als äußerst genau und zielgerichtet erweisen wird, kann ich nur aus eigener Erfahrung und aus der jahrzehntelangen Erfahrung mit unzähligen Studentinnen und Studenten bestätigen.

Für eine sogenannte *Schnellskizze* von ca. zwei bis zehn Minuten Dauer genügen nur sehr wenige Festpunkte, Fluchten und Proportionierungen, aber um solch eine etwas rasantere Zeichnung gut hinzubekommen, bedarf es schon etwas mehr an Erfahrung. (siehe Kapitel „Anregung und Beispiele/sog. Schnellskizzen")

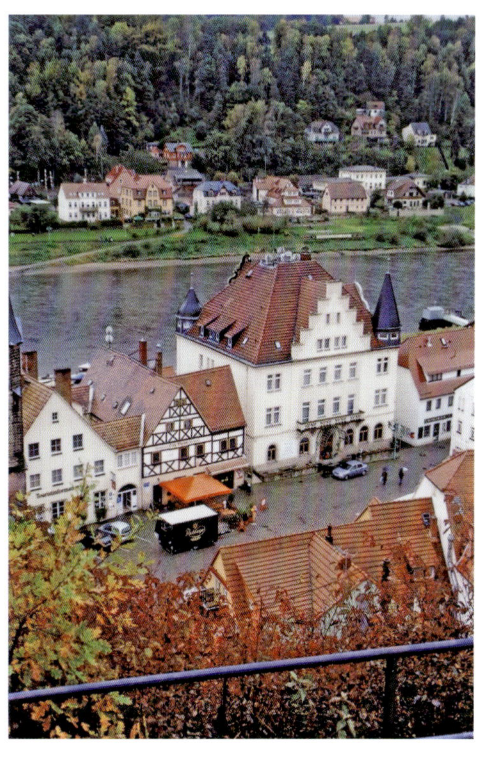

Abb. 30
Wehlen an der Elbe

Die Stadt am Fluss

Die eigenen vier Wände zu skizzieren ist nicht gerade das, was der erwartungsvolle und darstellungswillige Leser dieser Anleitung im Auge hatte, als er sich anschickte, das Handwerk des perspektivischen Zeichnens zu probieren. Deshalb geht es jetzt hinaus, um das Proportionieren, Fluchten und Markieren in reizvollerer Umgebung anzuwenden. Der Marktplatz eines kleinen Städtchens am Wasser wird der Gegenstand unserer Studien sein. (Abb. 30)

In der Einleitung habe ich davon gesprochen, dass es einen Vorteil bedeutet, zu Dingen und Sachverhalten einen Abstand zu gewinnen. Und so erweist es sich gerade auch bei dem Versuch, eine komplexere Situation wie hier: Platz mit umgebenden Gebäuden, Fluss und vielleicht noch Ausblick in die angrenzende Landschaft – auf den Skizzenblock zu bannen, von entscheidendem Vorteil, auch wirklich einen gebührenden Betrachter-Abstand einzunehmen.

Es bietet sich an, einige Treppenstufen hinauf zu den Resten einer alten Burganlage zu gehen, denn von hier aus kann man eine überraschend komprimierte Sicht auf all das, was das Typische dieser örtlichen Gegebenheit ausmacht, erlangen. Diese Maßnahme, einen räumlichen Abstand zu gewinnen zu dem, was man als Ganzes festhalten möchte, ist aus verschiedenen Gründen von großem Nutzen:

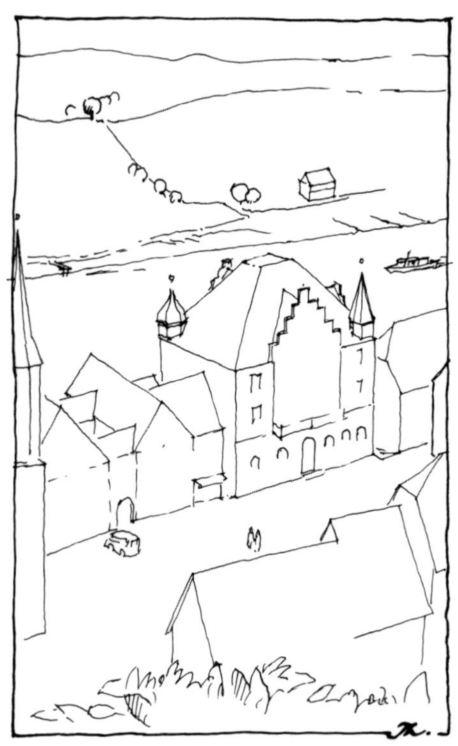

Abb. 31

Man kann das Geschehen eines ganzen Städtchens in Ruhe beobachten und man wird – fast wie von selbst – auf etwas gebracht, was beim Zeichnen generell von ganz herausragender Bedeutung sein muss: Unnötiges wegzulassen.

Steht man zu dicht vor dem „Objekt seiner Verliebtheit", so kann es leicht geschehen, dass einem zu vieles an Detail und auch an Nebensächlichkeiten darstellenswert erscheinen möchte. Es gilt aber immer, zum Wesentlichen vorzudringen. Die Frage, worum es eigentlich geht, ist von Bedeutung und von der Methodik des Vorgehens muss es deshalb immer darum zu tun sein, das Wichtige vom weniger Wichtigen zu unterscheiden und auch dann beim Aufbau einer Zeichnung so vorzugehen.

„Zeichnen ist weglassen!" Dieser Ausspruch ist für den Maler, Zeichner und Grafiker Max Liebermann (1847–1935) von überragender Bedeutung gewesen und dieser großartige Berliner Künstler hat ganz bewusst diese Maxime des Handelns von seinem kongenialen Vorgänger Johann Gottfried Schadow (1764–1850) übernommen. Diesen Grundsatz wollen wir jetzt – und auch bei späteren Unternehmungen – beherzigen.

Unser Skizzenblock ist die Bildtafel, auf der sich der Sinneseindruck zu verdichten hat. Der große Abstand ist da, und doch müssen wir die genaue Position zwischen Betrachter-Standort und Zeichenblock bestimmen, bevor die erste Begrenzungslinie auf das Papier gesetzt werden kann:

Führt man den Zeichenblock ganz dicht an das Auge heran, wird der Ausschnitt des Panoramas recht umfangreich, hält man ihn dagegen etwas weiter entfernt, näher an das Objekt herangerückt, so verringert sich die Breite und Höhe des Bildes.

Trotz der Weite der Landschaft vor uns empfehle ich, das Hochformat zu wählen, weil einige wenige Details vom direkten Vordergrund noch verstärkt dazu beitragen, Tiefe und Weite entstehen zu lassen. Vielleicht könnte der Kirchturm vorne links noch mit auf das Blatt gelangen, sodass das größere Gebäude rechts am Ende des Marktplatzes ebenfalls gerade noch auf der Zeichenfläche Platz finden kann. (Abb. 31)

Wenn wir uns somit für einen Bildausschnitt entschieden haben, ist es angeraten, als erstes zwei vertikale (Gebäude-)Kanten oben am Rand des Skizzenblocks zu markieren und jeweils zwei dünne blattkantenparallele Linien auf das Blatt zu setzen.

Diese Linien könnten eine der Kirchturmkanten links und eine der Gebäudekanten des größeren Gebäudes ganz rechts sein. Heute will ich mich für die beiden vorderen Gebäudekanten des mit einem Zeltdach abgeschlossenen Rathauses entscheiden, die Markierung *1* und *2*. (Abb. 32)

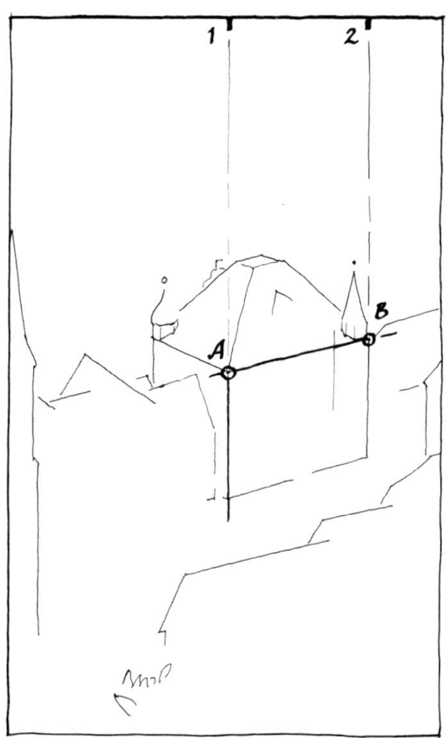

Abb. 32

Diese beiden Linien werden also von der oberen Blattkante nach unten hin blattkantenparallel durchgezogen. Als nächstes muss eine obere oder untere Begrenzung dieses Gebäudes gewählt und eingezeichnet werden, um danach mittels einer Teilungsdiagonalen die Proportion des Baues festzulegen.

Wir haben es hier wieder mit einer sogenannten *Zweipunkt-Perspektive* zu tun, die man auch als *Übereckansicht* (im Gegensatz zur *Frontalansicht*) bezeichnen kann. Wenn wir uns z.B. die Linien der Traufen und des Sockels anschauen, werden wir gewahr, dass sie zu jeweils *zwei* sehr weit entfernt liegenden Fluchtpunkten hinzulaufen scheinen.

Ob Übereck- oder Frontal-Ansicht, das soll uns jedoch nicht beunruhigen, denn die Methode bleibt genau die gleiche. Ein Unterschied besteht lediglich darin, dass sowohl die Traufen als auch die Sockellinie nicht als kantenparallele Linien, sondern als Fluchten gezogen werden müssen.

Etwa in der Mitte unseres Zeichenblocks entscheiden wir uns für die Lage der Traufe des großen Rathauses und setzen auf der dünnen – von der Markierung *1* aus heruntergezogenen Linie – den Punkt *A* fest.

Von diesem Punkt aus muss die Flucht der Traufe nach rechts zu eingezeichnet werden; und das geht so vor sich, wie wir es bereits kennengelernt haben: anvisieren und übertragen auf das Blatt. Automatisch ergibt sich daraus die Lage des rechten Traufenpunktes – *B*.

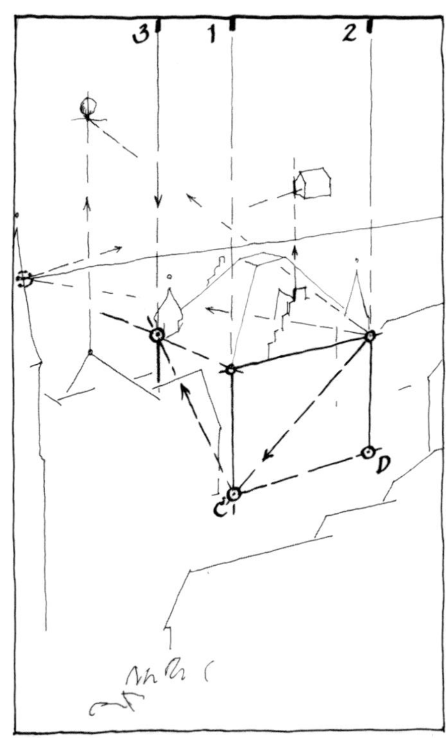

Abb. 33

Das Proportionieren einer Fläche kennen wir ja schon, und so wird eine quer über die Fassade zu denkende Linie vom rechten oberen Traufenpunkt *B* bis zum linken unteren Sockelpunkt des Gebäudes –

C auf unser Zeichenblatt zu übertragen sein. Diese Teilungsdiagonale von *B* nach *C* muss vor dem Objekt (Rathausfront) mit dem Bleistift anvisiert und entsprechend unserer bisherigen Erfahrung auf unsere Skizze gebracht werden. (Abb. 33)

Bei der Übereckansicht unseres Gebäudes wird nun die nach links zu verlaufende Flucht der Traufe einzuzeichnen sein, und die noch ausstehende Begrenzung dieser Dachkante lässt sich jetzt auf zwei Weisen ermitteln: Entweder durch eine Teilungsdiagonale (Proportionierende) von Punkt *C* aus schräg nach links oben zu, wo sie die Dachkante (Flucht der Traufe) genau an dem Punkt schneiden wird, wo der kleine Eckturm zu liegen kommt, oder indem wir die Bildtafel – über den oberen Rand derselben hinweg auf die Situation hin peilend – so in das Gesichtsfeld hineinhalten, dass die beiden Markierungen – *1* und *2* – genau mit der Breite der Rathausfront übereinstimmen. Bitte so festhalten – und in Ergänzung dazu die linke hintere Gebäudekante (dort, wo das linke Türmchen sitzt) als Markierung Nr. *3* an der oberen Blattkante markieren. Von oben nun wieder eine dünne Linie nach unten ziehen und diese von der Dachkante aus nach unten zu etwas kräftiger einzeichnen.

Die Grate der Dachflächen werden mittels Fluchten übertragen, und ihre Begrenzungen oben an der abgeschnittenen Dachspitze können vorteilhafterweise wiederum über Teilungsdiagonalen gefunden werden.

Bevor der Zeichner sich eventuell detailverliebt in der näheren Ausführung des gesamten Rathauses verzetteln könnte, wird es sehr viel sinnvoller sein, die wichtigsten Gebäudekanten des näheren Umfeldes erst einmal auf das Blatt zu setzen. Denn die Gesamtheit, das Ganze, sollte uns wichtig sein, – jedoch auch da nur insoweit, als das Typische, die besondere Eigenart des Ortes erfasst werden kann; gemäß der jahrhundertealten Erfahrung, dass „Zeichnen immer auch Weglassen heißt“.

Einige Randbemerkungen zum Thema Fotografieren möchte ich an dieser Stelle nicht versäumen. Ohne das fotografische Handwerk überhaupt kritisieren zu wollen, sei in diesem Zusammenhang darauf hingewiesen, dass die Kamera unerbittlich *alles* erfasst, ob es sich nun um Wichtiges oder Unwichtiges handelt. Zwar lassen sich mittels Bildbearbeitung bei der digitalen Fotografie auch hier wiederum

Retuschen durchführen. Doch es sind zwei Dinge, die mich fast immer davon abgehalten haben, anstelle meines Skizzenbuches die Kamera zu benutzen, wenn es mir darum zu tun war, Schönheiten oder Bemerkenswertes festhalten zu wollen. Zum einen die Verführung, unnötig viele Bilder zu schießen, weil es zunehmend leichter gemacht wird, das zu tun; zum anderen die Tatsache, dass sich beim Fotografieren zwischen den Beobachter und das zu betrachtende Objekt der Apparat dazwischen schiebt.

Als ausgebildeter Diplom-Ingenieur betrachte ich mich nicht als technikfeindlich, doch bedeutet mir der Prozess des *Sich-Aneignens* einer besonderen Situation, des *Sich-Hinwendens* zu einer Sache, die mich anrührt, einen umfassenderen Einsatz meiner Augen und Hände.

Der Einsatz des Fotoapparates hat sich bei mir immer dann als sehr sinnvoll erwiesen, wenn es darum ging, Gegenbeispiele für meine Lehrveranstaltungen beizubringen. Denn etwas ausgesprochen Hässliches zeichnerisch nachzuvollziehen, erfordert doch einiges an Überwindung.

Wer sich zu wichtig für kleine Arbeiten hält, der wird sich als zu klein erweisen für große Arbeiten.

Jacques Tati

Doch lassen Sie uns zurückkehren nach Wehlen an der Elbe. Um im Folgenden die übrigen Häuser, die zum Marktplatz gehören, auf den Zeichenblock zu bringen, bedienen wir uns wieder der Methode, die einzelnen wichtigen Gebäudekanten oben am Blattrand zu markieren, die dünnen Bezugslinien hinunterzuziehen, und entsprechend dann mit den Diagonalen, jeweils die Schnittpunkte für die Traufen anzuvisieren und sie auf dem Zeichenblatt festzulegen.

Der besondere Reiz dieser Stadtansicht von erhöhtem Standort aus besteht darin, dass es diese Abstufungen in der Wahrnehmung des Ganzen gibt: Vordergrund – Mittelgrund (der Hauptteil des Geschehens) und – Hintergrund (Ferne).

Der Vordergrund sollte vorteilhafterweise mit einem Kürzel von Blattwerk angedeutet werden, wobei durch ein wenig mehr an Strichstärke, diese direkt am Betrachter befindliche Lage verdeutlicht werden kann.

Im Hauptteil des Geschehens sind zwei oder mehrere Menschen – als schematisch dargestellte Figuren – von herausragender Bedeutung, weil dadurch Tiefe veranschaulicht und die Maßstäblichkeit vor Ort

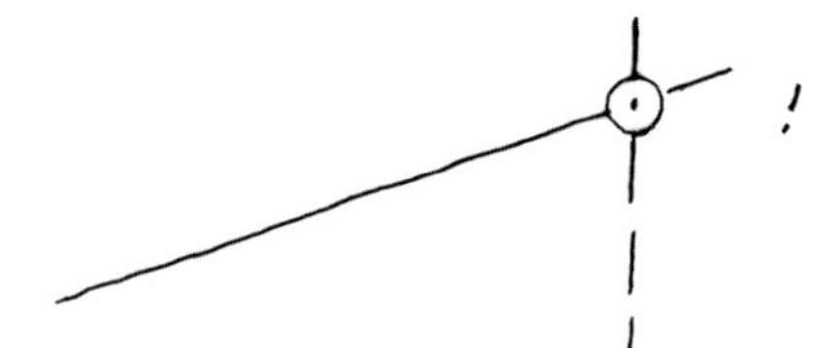

Abb. 34
Klare und „schleifende Schnitte“

geschildert wird. Man muss aber solche maßstabsbildenden Figuren erst dann in die Zeichnung aufnehmen, wenn das Gesamtgerüst und einige wichtige Größenverhältnisse, wie Fenster, Portal, Geschossteilungen oder dergleichen auf dem Blatt vorhanden sind, damit auch eine richtige Tiefen- und Raumwirkung entstehen kann.

Das gegenüberliegende Flussufer muss als leicht unregelmäßig gezogene Fluchtlinie dargestellt werden, wobei deren Lage geschätzt, oder aber auch genau ermittelt werden kann; z.B. durch eine anzuvisierende Diagonalen-Teilungslinie – beispielsweise ausgehend von dem Traufenpunkt *B* bis zu der scheinbaren Verschneidung von Uferkante mit dem Turmhelm des Kirchturmes links.

Das Gebäude auf der gegenüberliegenden Seite des Flusses wird von großer Bedeutung sein für die Verdeutlichung von Tiefe innerhalb unseres Bildes. Seine genaue Position kann wiederum erfasst werden durch eine Bezugnahme auf Vorhandenes.

Der oberste linke Absatz des Treppengiebels entspricht in seiner Verlängerung nach oben genau der linken Seite des Giebels jenes Gebäudes; und durch eine diagonale Verbindungslinie von einem bereits bekannten, vielleicht auch imaginären, Objektpunkt aus, lässt sich die ganz genaue Lage schnell feststellen – vielleicht von der scheinbaren Verschneidung von Uferkante mit Turmhelm aus. Es ist immer ratsam, bei diesen Ermittlungen von Schnittstellen „klare“ Schnittpunkte zu wählen anstelle von sogenannten „schleifenden Schnitten“. (Abb. 34)

Um die räumliche Tiefe unseres Bildes auch vollends wirksam werden zu lassen, wären die beiden Anstiege im Gelände von Bedeutung: Die Verlängerung des Firstes – als einer dünnen geraden und senkrecht gezogenen Linie – von dem parallel zur Tiefe des Rathauses verlaufenden Satteldach, korrespondiert genau mit einem größeren Baum an der Stelle, wo ein Weg dort hinaufführt.

Abb. 35
Schatten anlegen
7.VII.2007

Meistens ist die zur Verfügung stehende Zeit für solche Skizzen – auch wenn sie nach einiger Übung nur wenig Zeit in Anspruch nehmen – sehr knapp bemessen, und es heißt dann oft: *„Komm, wir müssen weiter!“ – „Wohin eigentlich? Gott hat dem Menschen die Zeit gegeben, von Eile hat er nichts gesagt“*. Und doch sei hier trotz

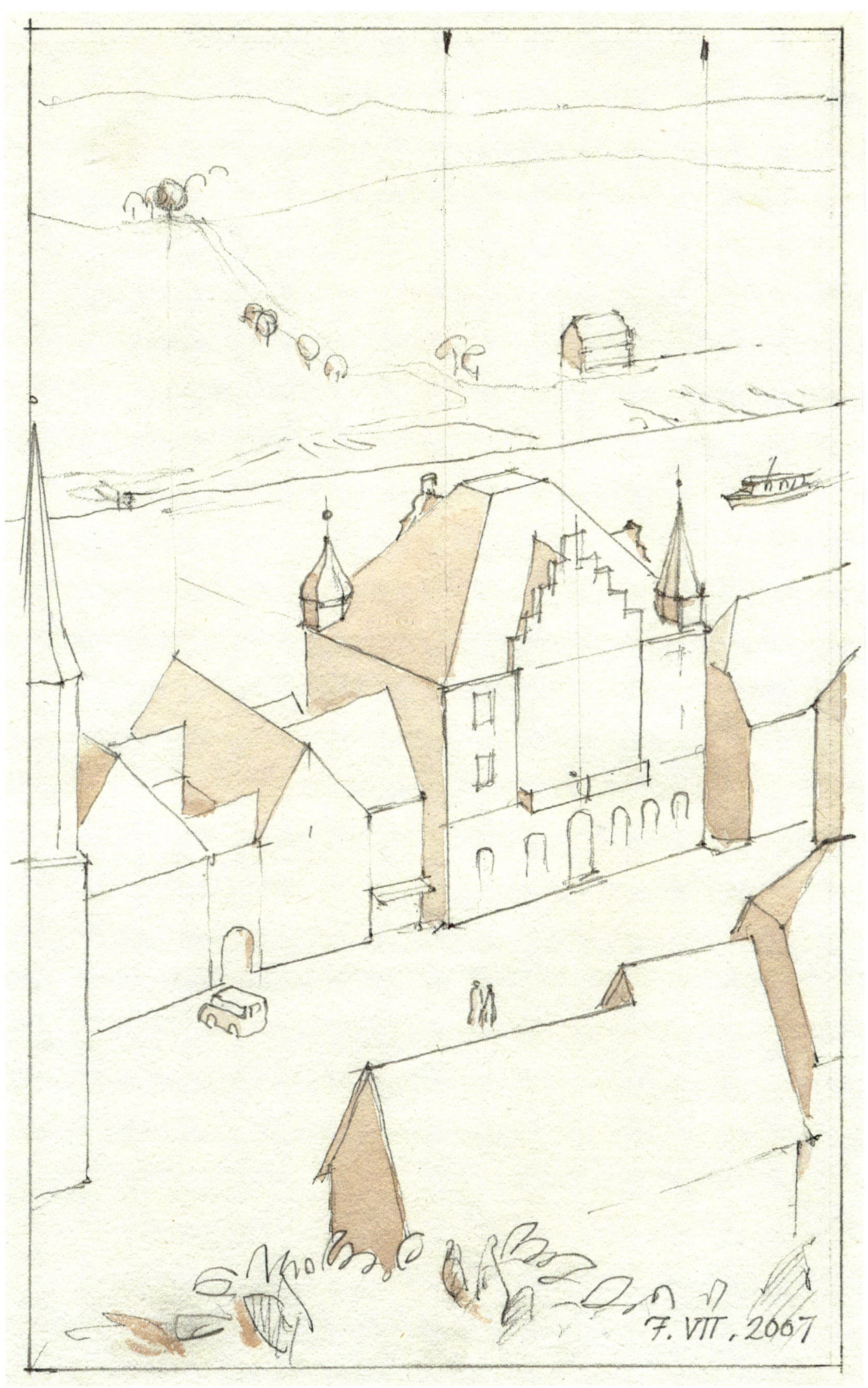
7. VII. 2007

Phantasie haben heißt nicht, sich etwas auszudenken, es heißt, sich aus den Dingen etwas machen.

Thomas Mann

Zeitknappheit noch ein kleiner Kunstgriff empfohlen, weil dadurch eine Plastizität der kleinen Skizze erreicht werden kann.

Mit Farbstift oder Wasserfarben lassen sich sehr schnell alle jene Gebäudeteile, die bei der nun langsam im Westen untergehenden Sonne im Eigenschatten liegen, mit einem gerade zur Verfügung stehenden Farbton, beispielsweise dem Blassrot von Buntsandstein, anlegen. (Abb. 35)

„Na, was meinst Du, gar nicht schlecht, was!?“ – *„Hätte noch viel hässlicher sein können.“* – würde mein älterer Bruder vielleicht gesagt haben, um ja nicht in ein unnötiges Lob ausbrechen zu müssen, aber ich weiß ja, wie er es wirklich gemeint hätte. Es ist immerhin ein richtiges Bild geworden, und – es ist selbst gemacht.

Dass gerade für diese Art von Momentaufnahme von Stadt, Fluss und Landschaftsausschnitt das Hochformat die richtige Entscheidung gewesen ist, liegt darin begründet, dass auf diese Weise räumliche *Tiefe* viel wirkungsvoller zum Ausdruck gebracht werden kann. Auch wenn man zunächst, fast instinktiv das Breitformat hätte bevorzugen wollen, weil es sich doch um den schönen Lauf eines Flusses in weiter Landschaft handelt, ist gerade das *Hochformat* fast immer die richtige Wahl des Ausschnittes, weil damit sowohl die Gegenstände ganz im Vordergrund als auch die Dinge weit in der Ferne zur Geltung kommen.

Ganz abgesehen davon, dass bei dieser Zeichenarbeit der Erinnerungswert für den Verfasser selber ganz erheblich ist, haben diese fünfzehn Minuten bis dreiviertel Stunde seiner Entstehungszeit – ganz nach Stimmung, Tagesform und Übung natürlich – in einem ganz erheblichen Maße dazu beigetragen, eine große Fülle von Eindrücken zu speichern: Denn während man hier gestanden hat, um mit gebührender Konzentration die Örtlichkeit in all ihren Facetten abzubilden, sind unsere Sinne hellwach und aufnahmefähig gewesen.

Augen, Ohren und Nase nehmen die atmosphärischen Veränderungen im gesamten Umfeld fast übergenau wahr. Das leichte Rauschen der Blätter, die ziehenden Wolken, die sich verändernde Farbigkeit der Landschaft, der Duft von gemähtem Gras und gefallenem Laub, das Kommen und Gehen der Menschen auf dem Platz, Autos, Fenster und Türen, die geöffnet wurden und vieles an kleinen Details und Belanglosigkeiten, die aber in ihrer Summe schließlich das ausmachen, was eben das Unverwechselbare und Ureigene gerade eben dieser Lokalität ist.

Nun kommt hinzu, dass der Standort an einem Fluss in ganz besonderer Weise dazu beiträgt, die Sinne zu stimulieren, denn das Fließen des Wassers, verdeutlicht durch das Herannahen und Verschwinden von großen und kleineren Schiffen – regt die Phantasie in hohem Maße an. Diese Bewegtheit des Flusses fasziniert und transportiert Vorstellungen und Gedanken, und nur zu gern gibt sich der Geist des hier Anwesenden gleichzeitig auch mit auf die Reise. Flüsse sind fast immer eine große Faszination, – wenn man sich denn die Zeit nimmt und sein Herz öffnet für dieses Geschehen.

Dieses Städtchen am Fluss gibt es in der Wirklichkeit, ich habe es seinerzeit für meinen Schüler Hanns-Martin als Exempel vor Ort sehr zügig abskizziert, um ihm die Methode ins Gedächtnis zurückzurufen; und im Großen und Ganzen sieht es dort auch so aus – in der Stadt Wehlen an der schönen Elbe.

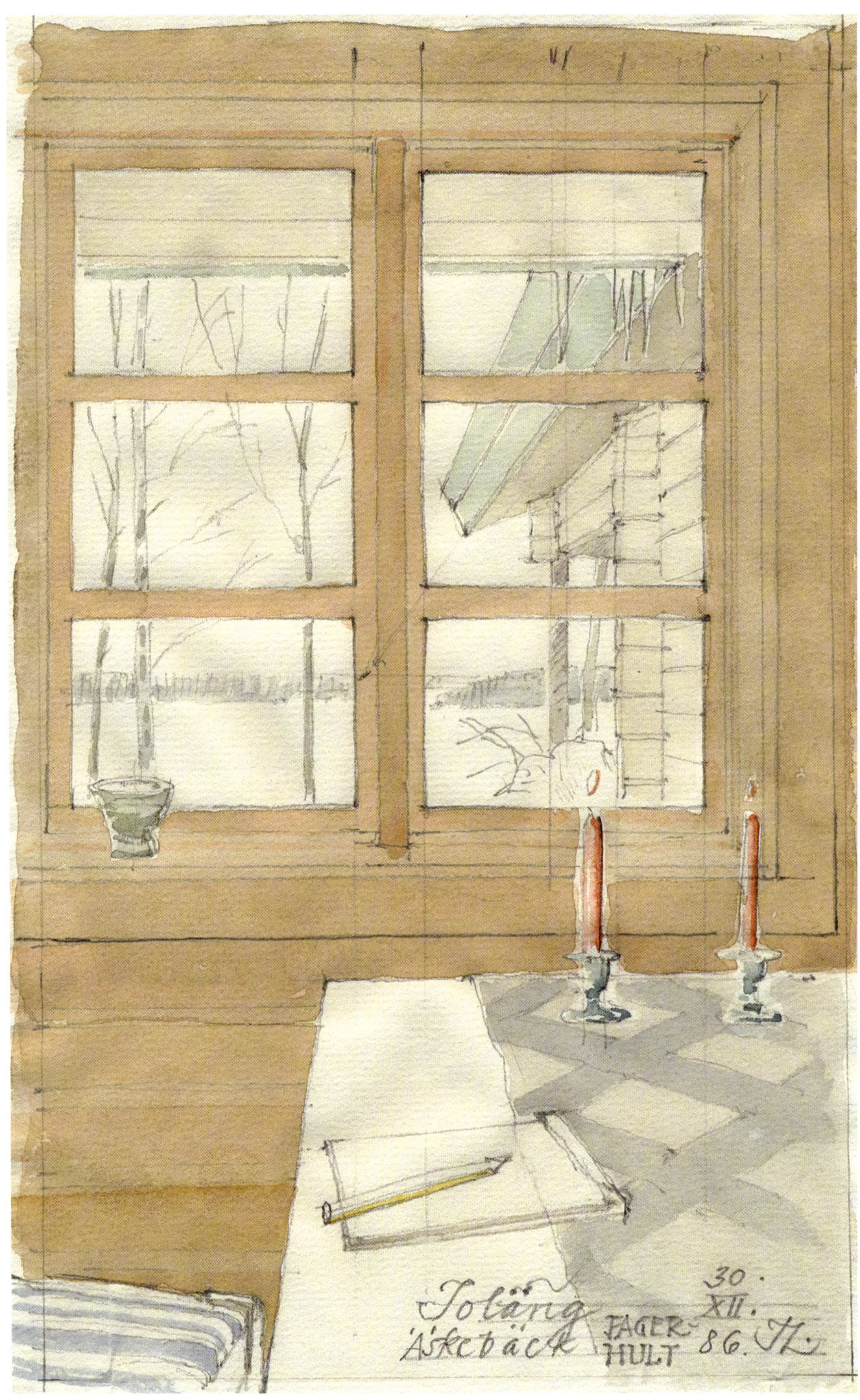
Tolång
Åskebäck
FAGER-
HULT
30.
XII.
86.

Anregungen und Beispiele

Abb. 36
Soläng, Äskebäck
30.XII.86

Der Blick hinaus

Es verspricht wieder ein schöner Wintertag zu werden, sodass wir von dem Ferienhaus aus einen langen Spaziergang machen wollen, aber zuvor möchte ich noch diesen wundervollen weiten Blick über den zugefrorenen See zeichnen. (Abb. 36) Am Frühstückstisch brennen noch zwei Kerzen und vor dem Fenster sieht man Eiszapfen von der Traufe herabhängen. Draußen sind es 20 Grad minus, und in der Stille der Nacht war das schrille singende Geräusch zu hören, wenn sich Risse in der Eisdecke bilden auf dem „Välen", dem wunderschönen See bei Fagorhult/Småland.

Zeichnen ist Sprache für die Augen [...].

Joseph Joubert

Zu Anfang jeder Zeichnung, jeder gedanklich-kreativen Arbeit steht ein weißes Blatt Papier, und da ist es immer wichtig, sich für eine klare Vorgehensweise zu entscheiden. Der aufmerksame Leser dieser Schrift wird aus seinen bisherigen Erkenntnissen heraus vielleicht schon die feinen senkrechten Linien entdeckt haben, die auch hier wieder das Gerüst der Zeichnung ausmachen.

Zu Beginn aller meiner Zeichenarbeit ist für mich immer die Frage nach dem Bildausschnitt, die Entscheidung für den Standort, für die Blickrichtung und damit die Wahl der Bildebene von überragender Bedeutung. Auch wenn der Standort, wie in diesem Fall, der zweite Sitzplatz vom Fenster aus an der linken Seite des Tisches, schon entschieden ist, kann der Bildausschnitt, der auf dem Zeichenblock später sichtbar zu werden beginnt, etwas mehr, oder etwas weniger von dem zeigen, was so besonders darstellenswert erscheint. Denn, je nachdem, ob ich den Zeichenblock (die Bildebene) näher an das Auge heranführe, oder vom Auge etwas weiter entfernt halte, wird sich der Gesamteindruck verändern.

Möchte ich größeren Wert auf den Vordergrund legen, dann verdichtet sich der Blick aus dem Fenster zu einer deutlich geringeren Größe; oder kommt es mir gerade darauf an, den Fensterblick zum Thema zu machen, dann werden die Aussagen über den Vordergrund etwas nebensächlicher.

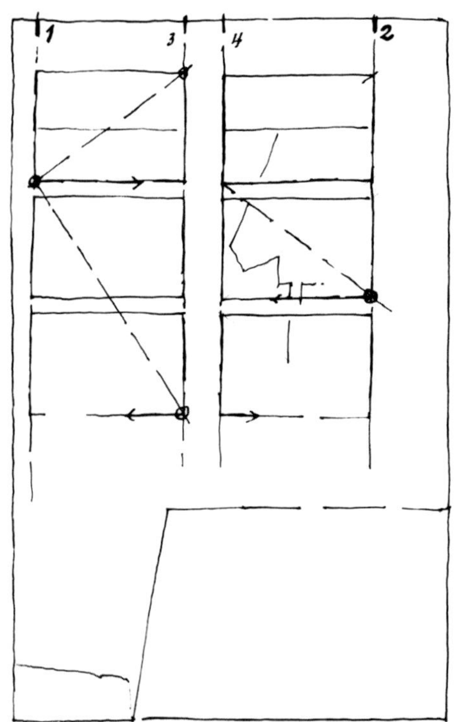

Abb. 37
Vertikale Kanten und Diagonalenteilung

Jedes Bild ist ein Ausschnitt, das Festhalten eines Augenblicks, und gerade die Schilderung solch eines Lebensmomentes gewinnt mehr an Überzeugung, wenn, wie hier bei der Wahl meines Ausschnitts, ein wenig an Asymmetrie in der Gewichtung der darzustellenden Gegenstände mit ins Spiel gebracht werden kann.

Nun zu dieser Skizze: Meine ersten Striche auf dem noch blanken Blatt Papier sind eindeutig die vertikalen Begrenzungslinien für das zweiflügelige Fenster gewesen. Ich meine damit die vier vertikalen Kanten der Glasleisten. Damit habe ich mich festgelegt, und meine Bildebene hat ihre unverrückbare Lage zugewiesen bekommen. Die Größeneinteilung der beiden Fensterrahmen, beziehungsweise die Proportionierung der zwei mal drei Glasflächen geschieht, wie bereits beschrieben, Stück für Stück, durch das Übertragen der jeweils anvisierten diagonalen Richtung mit der Kante des Zeichenstiftes auf die Zeichenebene. (Abb. 37)

Eigentlich sind es nur zwei deutliche Richtungen von Fluchten (Tiefenlinien), die perspektivisch wirksam werden: die Traufenbretter und die Fugen zwischen den Bohlenlagen an der Außenwand des Gebäudes; die Kante des Tisches und des Tischtuches; der Stuhl, der Skizzenblock und der Bleistift sowie die Musterung auf dem Tischtuch, führen – als kontrastierende Gegenbewegung – ein gewisses Eigenleben.

Würde man diese Haupt-Fluchten verlängern, für die Traufe habe ich dies getan, so träfen sie sich, wenn genau gezeichnet worden ist, in einem Punkt, dem Fluchtpunkt. Bei einer Einpunkt-Perspektive, wie in diesem Fall, kann man ihn auch als „Hauptpunkt" bezeichnen. Dieser Fluchtpunkt, auch „Verschwindungspunkt" genannt, liegt immer auf dem Horizont, welcher gleichbedeutend ist mit unserer derzeitigen Aughöhe, des Abstandes unseres betrachtenden Auges über dem Fußboden. (Abb. 37)

Die Abgrenzung zwischen drinnen und draußen, die Außenwand, mit einer holzfarbenen Lasur anzulegen ist sicherlich eine sehr sinnvolle Entscheidung gewesen. Denn durch diese Maßnahme ist das Atmosphärische, der Gegensatz von drinnen und draußen und die Stimmung des morgendlichen Augenblicks eingefangen. Licht und Eigenschatten werden erfahrbar. Das Licht und der Schnee auf dem See sind nichts anderes als das Weiß des schönen Aquarellpapiers, während die übrige Farbgebung, bis auf Wand und Fensterrahmen, eher zart gehalten ist.

Um schon jetzt einen kleinen Vorgeschmack auf eine weitere Themenstellung zu geben, die uns noch interessieren wird (Kapitel „Landschaft/ Lage im Gelände"), möchte ich diese kleine Skizze als ein Beispiel für einen eher reduzierten und etwas mehr plakativen Bildaufbau hinzufügen. (Abb. 38)

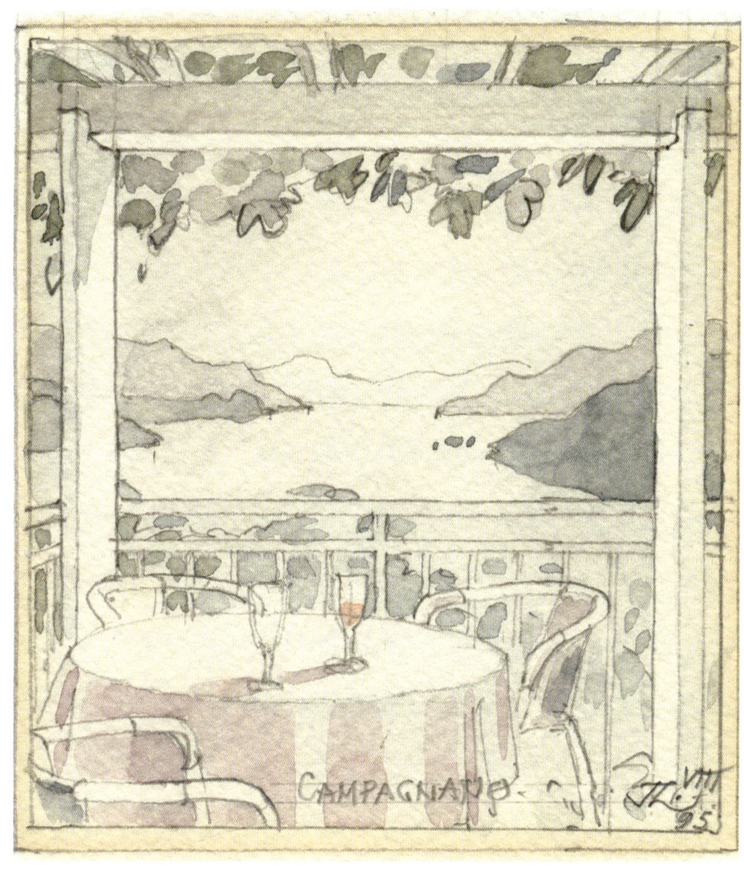

Abb. 38
Campagnano
VIII.95

Wieder ist es eine Einpunkt-Perspektive. Die Rahmung, welche sehr dazu beiträgt, dem Bild Vordergrund und große Tiefe des Landschaftsraumes zu vermitteln, besteht aus zwei schmalen Pfeilern aus Granit und einem hölzernen Balken darüber. Daher war es für den Zeichner sehr naheliegend, als erstes dieses umgekehrte *U* auf die Zeichenfläche zu setzen. Der nächste Schritt bestand darin, den scheinbaren Schnittpunkt des Geländers mit einem dieser Pfeiler aufzusuchen, und mittels des Bleistiftes dessen Lage durch Anvisieren auf die Zeichenebene zu übertragen. In Wirklichkeit befindet sich das Geländer mit einem geringen Abstand hinter den beiden Pfeilern, aber da ein Bild immer eine Illusion in der Zweidimensionalität darstellt, berühren zum Beispiel auch die Linien der geschwungenen Hügelketten gewissermaßen die beiden Stützen.

Zur zeichnerischen Darstellung der Dinge im Vordergrund sei erwähnt, dass die beiden Weingläser zweifellos viel zur Stimmung dieser Feriensituation beitragen, dass sie aber der Position der Tischplatte unbedingt zunächst den Vorrang überlassen müssen; gemäß der Devise: vom Großen ins Kleine. In dem Moment, in dem der findige Blick des Betrachters ziemlich schnell herausgefunden hat, dass sich die Abstände zwischen Oberkante Geländer und Tisch, sowie dem schmalen Teil des Tischovals identisch waren, konnte der Zeichner diese Erkenntnis durch entsprechende Begrenzungspunkte notieren und sich daran machen, diese geschwungene Konturlinie zu probieren.

Abb. 39
Lago Maggiore
96, plakative Version

Wichtig ist es, genau zu notieren, wo exakt die obersten Konturlinien der fernen Hügel sich mit den seitlichen Stützen „verschneiden“. Denn so überaus bedeutungsvoll diese landschaftlichen Charakteristika für den Gesamteindruck auch sind, die markanten Eckdaten des Bildes müssen möglichst am Anfang klar festgelegt und erkennbar sein.

Die ungefähre Darstellung des Weinlaubes und die Andeutung der einfachen Stühle, sowie das, was von den Baumkronen unterhalb der Terrasse sichtbar bleibt, sind alles Zutaten, die sich leicht als solche hinzufügen lassen, wenn das Wichtige seinen Platz eingenommen hat.

Eine Sicherheit dafür zu gewinnen, entscheiden zu können, was wichtig ist und an den Anfang gesetzt werden muss und was eventuell sogar als entbehrlich anzusehen ist, stellt sich relativ schnell ein, wenn erst einmal zwei bis drei Versuche gemacht worden sind, eine Zeichnung anzugehen.

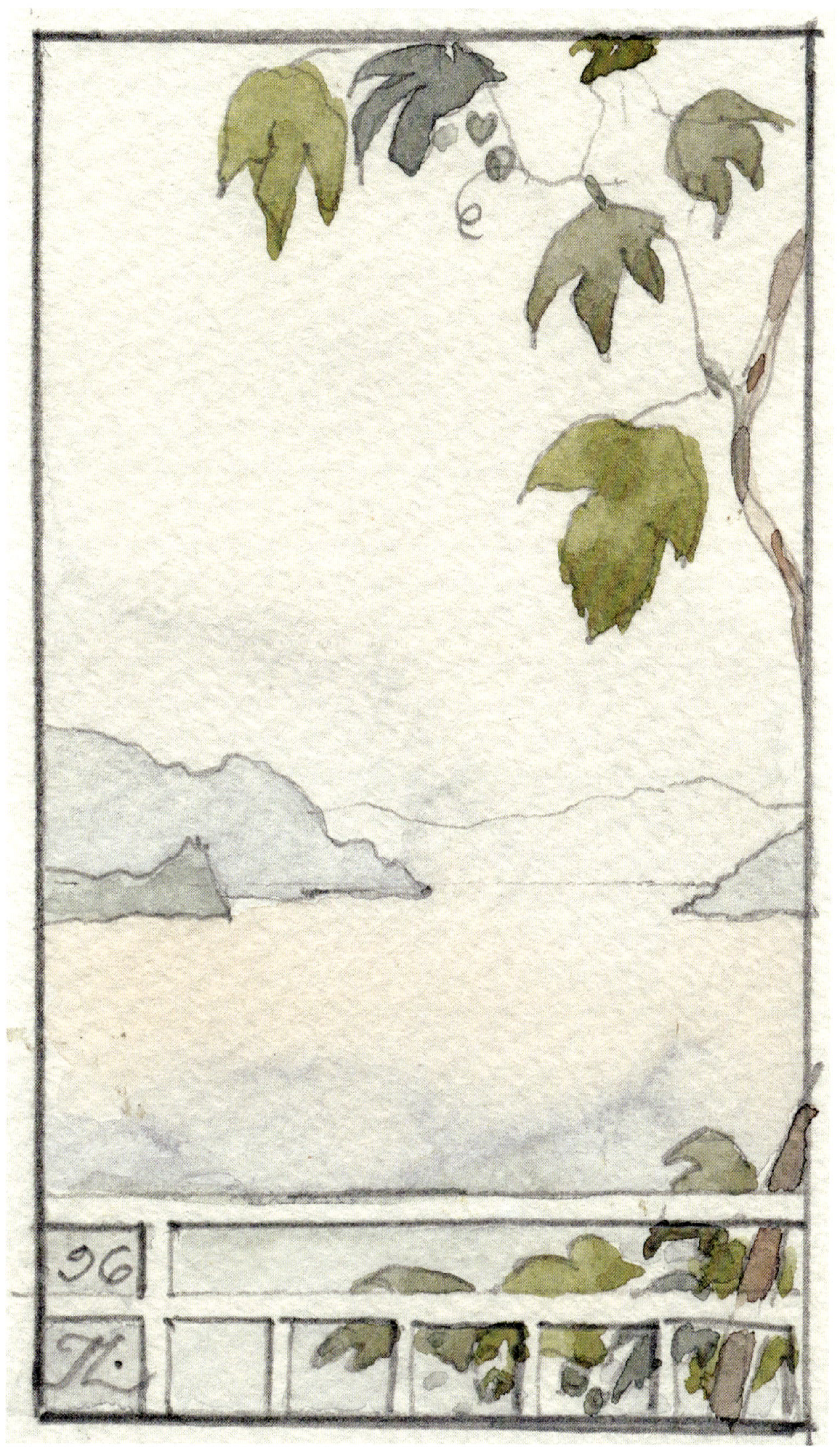
96

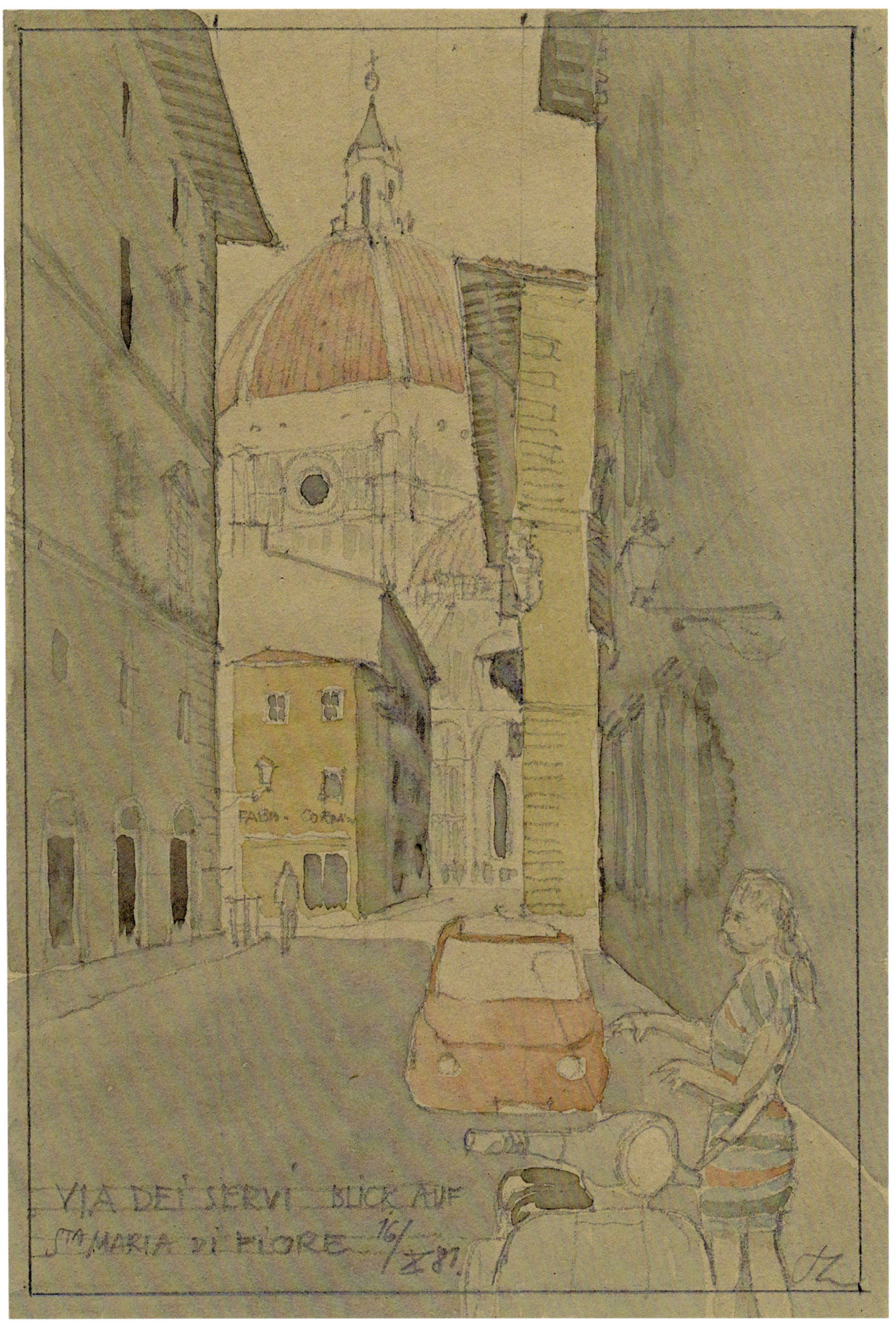
VIA DEI SERVI BLICK AUF
Sta MARIA DI FIORE 16/X 87

Liebe zur Stadt
Straßen- und Platzraum

Abb. 40
Via Dei Servi, Blick auf S. M. di Fiore
16.X.81

Es ist Freitag, der 16. Oktober 1981, der letzte Tag unseres achttägigen Studienaufenthaltes in Florenz. Heute ist kein Besichtigungsprogramm vorgesehen – Tag zur freien Verfügung. Unsere gesamte Bagage ist bereits zum Bahnhof transportiert worden und bis zum gemeinsamen Abendessen und der sich dann anschließenden Heimreise kann jeder tun oder lassen, was ihm behagt.

Nicht nur die Studentinnen und Studenten sind hocherfreut über diese Vereinbarung. Denn eine Stadt wie Florenz sollte man auch immer wieder ganz auf eigene Faust entdecken, indem man – unabhängig von guten Ratschlägen und Stadtführungen – sich selber treiben lässt, nur durch die eigene Entdeckerlust geleitet.

Auch auf der anderen Seite des Arno wird man einen Stuhl in einem Straßencafé finden können, auf dem sich sogar preisgünstiger sitzen lässt als im Zentrum, und solch eine willkommene Pause ist seinen Preis alle Mal wert, zumal, wenn neben dem Espresso das dazugehörige Glas Wasser einem verhelfen kann, die eigene Skizze mit wenigen Farbtönen zu vervollständigen. An dieser Stelle möchte ich Andreas Feldtkeller zitieren (aus: „Die zweckentfremdete Stadt", IV. Zur Poetik des öffentlichen Raums): *„Die Benutzung des öffentlichen Stadtraums ist weitgehend unvorhersehbar; seine besondere Qualität liegt gerade in der Verfügbarkeit für alle möglichen Zwecke. Deshalb ist eine funktionale Gestaltung der Straße immer ihrem öffentlichen Charakter abträglich. Der Städter, der Straße und Platz aufsucht, um in ein Publikum einzutauchen als Beobachter, Zuschauer, Flaneur, aber auch als Akteur, Informant, Passant, erwartet nicht Zweckmäßigkeit, sondern Atmosphäre oder sogar Emotion. Typisch für den historischen Stadtraum ist deshalb eine überhöhende, eben eine poetische Fassung, die dem Raum eine zusätzliche Dimension verleiht."*

Mehr noch als im nördlichen Europa gibt es das in Italien, das sich Aneignen des öffentlichen Raumes.

Auch ich habe mich durch die Straßen treiben lassen, habe mir einen Hut passend zu meinem grauen Sommeranzug gekauft, habe einige kleine Mitbringsel besorgt, und ich habe gezeichnet; zuletzt auf der

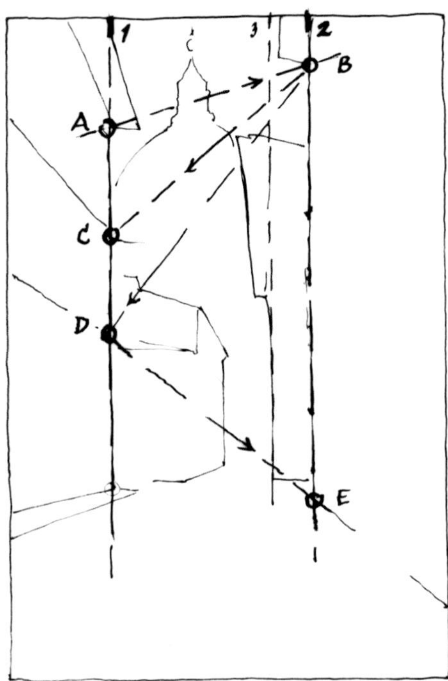

Abb. 41
Markieren und Proportionieren

Piazza Santissima Annunziata: den Blick aus der Vorhalle der Kirche auf den Platz mit der im Hintergrund gut erkennbaren Kuppel des *Duomo*. Langsam bewege ich mich nun auf der Via dei Servi in diese Richtung, nachdem die Zeichenutensilien verstaut sind. (Abb. 40)

An den Tagen zuvor habe ich hin und wieder gerne den alten ehemaligen Kornspeicher, den stimmungsvollen Kirchenraum Or San Michele aufgesucht, weil er mir – seinem ursprünglichen Namen San Michele in Orto entsprechend – wirklich wie ein ruhiger Haag in der quirligen Stadt erschienen ist. Heute jedoch ist es das gewaltige Bauwerk des Filippo Brunelleschi, die Kuppel des Domes, die mich wie ein Magnet anzieht. Es ist der letzte Tag, den ich für dieses Mal in dieser Stadt verbringe, und deshalb wird mir das Verrinnen der Zeit plötzlich so sehr bewusst. Immer größer wächst der Bau des Domes, je weiter ich darauf zugehe, und immer zögerlicher werden meine Schritte, so, als ob ich damit der verrinnenden Zeit etwas abtrotzen könnte.

Dann ist da an der rechten Straßenseite, gerade unmittelbar vor mir, eine winzige Baustelle abgezäunt. Im Schutz dieser kleinen Insel im Verkehr finde ich einen willkommenen Standort für mich und meine Beobachtung. Dieser Platz erscheint mir wie ein Geschenk, denn auf diese Weise gelingt es mir, einen deutlich besseren Blick auf den Dom einzunehmen, als wenn ich seitlich auf dem engen Bürgersteig stehend, den übrigen Passanten im Wege stünde.

Der Beginn eines Erlebens ist stille zu stehen und möglichst, von niemandem beachtet, zuzuhören und genau zu beobachten, was passiert. So gesehen ist diese Tätigkeit eine Art von Kontemplation, ein Vorgang präziser Wahrnehmung. Natürlich passiert eigentlich nichts, was der Rede wert wäre. Eine vergnügliche Ruhe kommt über mich und gleichzeitig bin ich ganz Ohr, ganz Auge. Wie könnte es anders sein, als dass ich mich anschicke, das, was ich von dieser besonderen Stelle aus wahrnehmen kann, mit Strichen auf meinem Skizzenblock festzuhalten. Im Schutz der kleinen Baustelleneinfriedung kann ich einen Standort einnehmen, der schon fast die Straßenmitte berührt.

Mit den etwas versetzten markanten Gebäudeabschlüssen rechts und links vor mir, beginne ich, ziehe die beiden vertikalen Linien auf das Blatt. Oben an der Zeichenblockkante habe ich diese Breiteneinteilung festgelegt. Danach wähle ich an der linken Gebäudekante ganz oben den Punkt, den ich als Abschluss der Fassade an der Traufe festlege *(A)*. Ich nutze meinen Zeichenstift, um durch Anvisieren den entsprechenden rechten oberen Abschluss des Palazzos rechts vor mir auszumachen *(B)* und finde, ebenfalls durch das Anpeilen mit dem Stift, das Sohlbankgesims des zweiten Obergeschosses vom Palazzo links vor mir *(C)*, dann *(D)*, wie es an der Gebäudekante ausläuft. Ähnlich wie im Zick-zack-Verfahren peile ich nun den Sockelpunkt rechts unten an und finde danach den entsprechenden Abschluss der Fassadenkante rechts vorn *(E)* und dann entsprechend links. (Abb. 41)

Damit ist das Gerüst, der konstruktive Rahmen meiner Zeichnung eingerichtet und es können nun die Fluchten sowie die Einteilung der anderen wichtigen Gebäudekanten folgen.

Während ich zeichne, verändert sich ständig die Szenerie um mich herum: Ein Motorroller mit zwei jungen Damen rollt auf meine Straßenseite zu und wird vor mir rechts abgestellt. Die beiden Mädchen stehen eine Weile zusammen, gestikulieren als ob sie sprächen, ihre Gesten sind beredt, aber kein Wort wird gesprochen. – Taubstumm, aber das scheint ihrer Mitteilsamkeit und Laune nicht im Geringsten entgegenzustehen. Bevor ich diese Szene so recht hätte auf das Blatt bringen können, gehen die beiden auseinander. Ich ziehe die steilen Fluchten der Gesimse und Traufen, und versuche, das Wesentliche dieser Straßenszene einzufangen.

Links von mir in der Fassadenflucht auf der anderen Straßenseite ist ein Friseursalon. Das Geschäft scheint gut zu gehen. *Il parucchiere*, – groß gewachsen, graues Haar, weißer Kittel und mit dezent farbiger Fliege – tritt hinaus vor seinen Laden, um einem zufriedenen Kunden noch einige Neuigkeiten anzuvertrauen. Der Angesprochene, ein höchst elegant gekleideter Herr von offensichtlich einiger Bedeutung, hat die Zeitung in seine Manteltasche gesteckt und macht sich auf den Weg. Aber so schnell kann man ein lebendiges Nachrichtenmagazin nicht abstellen. Der Abstand zwischen den beiden hat sich zwar vergrößert, doch der Meister seines Fachs weiß immer noch seinen Worten mit eleganten Gesten und etwas lauterer Stimme Nachdruck zu verleihen.

Ich bin dabei, auf dem Skizzenblock mit wenigen Farbtönen, Licht und Schatten entstehen zu lassen. Da taucht das eine der beiden

Vespa-Mädchen wieder auf. Ihre Sprache sendet sie über ihre schön sich bewegenden Hände hinauf zu einem der Fenster im ersten Obergeschoss des Hauses gegenüber, dann dreht sie ihr Gefährt, startet und rauscht davon.

Mein Wunsch, der verrinnenden Zeit etwas Bleibendes abzutrotzen, hat sich mehr als erfüllt und so geht ein Flaneur, der sich hochbeglückt fühlt, weil er sich als dazugehörigen Teil eines wundervollen Ganzen hat empfinden dürfen, seines Weges.

Friedrich Schiller hat 1795 in seinen theoretischen Schriften „Über die ästhetische Erziehung des Menschen in einer Reihe von Briefen" (im achten Brief) u. A. Folgendes bemerkt: *„Nicht genug also, dass alle Aufmerksamkeit des Verstandes nur in soferne Achtung verdient, als sie auf den Charakter zurückfließt; sie geht auch gewissermaßen von dem Charakter aus, weil der Weg zu dem Kopf durch das Herz muss geöffnet werden. Ausbildung des Empfindungsvermögens ist also das dringendere Bedürfnis der Zeit, nicht bloß weil sie ein Mittel wird, die verbesserte Einsicht für das Leben wirksam zu machen, sondern selbst darum, weil sie zu Verbesserung der Einsicht erweckt."*

Eine Stadt so aufzufassen, als bestünde sie lediglich aus dem Verhältnis von Grundfläche zu Geschossfläche, dem gebührenden Sozialabstand, aus Verkehrsberuhigung, Kosten-Nutzungskonzepten, Erschließungsaufwand, Vermarktungseffekt, aus erkennbarer kunstgeschichtlicher Qualität etc., vermag dem wahren Wert und Charakter eines Gemeinwesens, einer Stadt, in keiner Weise gerecht zu werden. In uns Menschen ist grundsätzlich etwas angelegt für ein persönliches Aufnehmen und Wertschätzen von Schönheit, die durch Menschenhand geschaffen wurde, wie Musik, Lyrik, Tanz, Malerei und vor allem eben auch Baukunst. Die Intensität solchen Aufnehmens und Empfindens hat sich seit den Tagen der Kindheit in den meisten Fällen verändert oder ist sogar fast verloren gegangen.

„Wir sind solange ohne Kunst, wie wir nicht begreifen, dass man der Kunst nur mit dem Erlebnis beikommt und nicht mit dem Wissen, mit dem wir die Leere unserer Erlebnisarmut betäuben."

Mit diesem Satz des bereits zitierten Heinz Wetzel möchte ich hervorheben, was mir ein Herzensanliegen ist, dass nämlich das freihändige

Skizzieren ein höchst sinnvolles Mittel sein kann, das von Schiller geforderte *Empfindungsvermögen* und damit eine Erlebnisfähigkeit wachzuhalten und weiterzuentwickeln.

Doch habe ich im Laufe meines Berufslebens die Erfahrung gemacht, dass es immer *Kopf und Hand* sind, die in den Menschen Erkenntnis und Erlebnisfähigkeit verankern können: Man sieht nur, was man weiß und: Man kann nur das lieb gewinnen, mit dem man sich intensiv auseinandergesetzt hat.

Ich zitiere aus Joachim Fests Reisejournal „Im Gegenlicht. Eine italienische Reise“: *„Der Anblick der Reisenden, die, in ihre Bücher vertieft, Ruinen und altes Gemäuer abwanderten, belustigte schon Byron. Im Grunde gleichen wir ihnen alle. Und wohl auch darin, dass das Wissen wollen den Blick verdirbt. Aber was wäre Anschauung ohne das Gewusste und Bedachte?...Was wäre Syrakus, auch Thermopylae oder Canossa ohne die Geschichten, die sich daran knüpfen? Der bloße Augenschein ist immer weniger als die Wirklichkeit. Gedanken und Erinnerungen verwandeln alles, die Trümmer, die Passhöhen und die Burgruinen. Ohne sie blickte man nur ins Leere.“*

Letztlich sind die fertigen Produkte, die mehr oder weniger gelungenen farbigen Blätter und Zeichnungen, *nicht* das Entscheidende, sondern bedeutungsvoll und segensreich wird immer in erster Linie das durch den *Vorgang* des Zeichnens bewusst gemachte *sinnliche Erleben* und Erkennen der örtlichen Situation sein.

Dass es mitunter eine Lust sein kann, eine Innenstadt fußläufig zu entdecken, möchte ich anhand einer kleinen Skizze, einer Momentaufnahme zu belegen versuchen: Aus meinem Exkursions-Reise-Skizzenbuch vermelde ich eine knappe Notiz von dem, was mir auf unserer Busfahrt an diesem Samstag, den 19. September 1986, bemerkenswert erschienen ist.

„Durch das schöne Tal der Cousin nach Vézelay/ (dieser wohl schönsten unter den Wallfahrtskirchen hatten wir bereits am ersten Tage unseres Aufenthaltes in Nord-Burgund von Avallon aus einen gebührenden Besuch abgestattet) */Nebel bis hinauf zur Ste. Madeleine – Tau auf den Wiesen und der Atem der Menschen, die auf*

Abb. 42
Clamecy, Samstags-Markt
19.IX.86

den Feldern arbeiten, stand dampfend ab. Dazu erklingt aus dem Kassettenrekorder Antonio Vivaldi „I Quattri Stagioni – L'autunno"– auf dem Wege nach Clamecy."

Beim Rundgang durch die schöne Altstadt von Clamecy kam unsere Gruppe am Wochenmarkt vorbei, und dieses uralte, immer wieder von Neuem faszinierende Geschehen ließ mich kurzerhand eine ganz rasche Skizze versuchen. (Abb. 42)

Worauf ich auch bei solch einer Schnellskizze das Augenmerk lenken möchte, ist, dass durch einige sehr zügig auf das Blatt gezogene vertikale Linien, immerhin der Standort und damit die Bildebene festgelegt werden. Dann sind es zwei oder drei positionsbestimmende Anvisierungen durch die Bleistiftkante gewesen, die die Größenverhältnisse der Gebäude, die Traufenpunkte und die Fluchten der Dachkanten festlegen. Ob noch Zeit vorhanden ist für etwas erläuterndes Beiwerk, muss man von Fall zu Fall entscheiden.

Eine Schraffur erschien mir noch wichtig zu sein, damit Licht und Schatten deutlich werden, und eine letzte, aber sehr wichtige Zutat sind einige Figuren gewesen, um die Größenverhältnisse, den Maßstab, zu veranschaulichen.

Später dann, vielleicht abends im Hotel, oder an einem Kaffeehaustisch, irgendwann so zwischendurch, habe ich mit dem Pinsel und etwas mattem Indigo die Schattenseiten zu verdeutlichen versucht, und – natürlich hat die *Tricolore* hoch droben ihren Platz in Farbe bekommen.

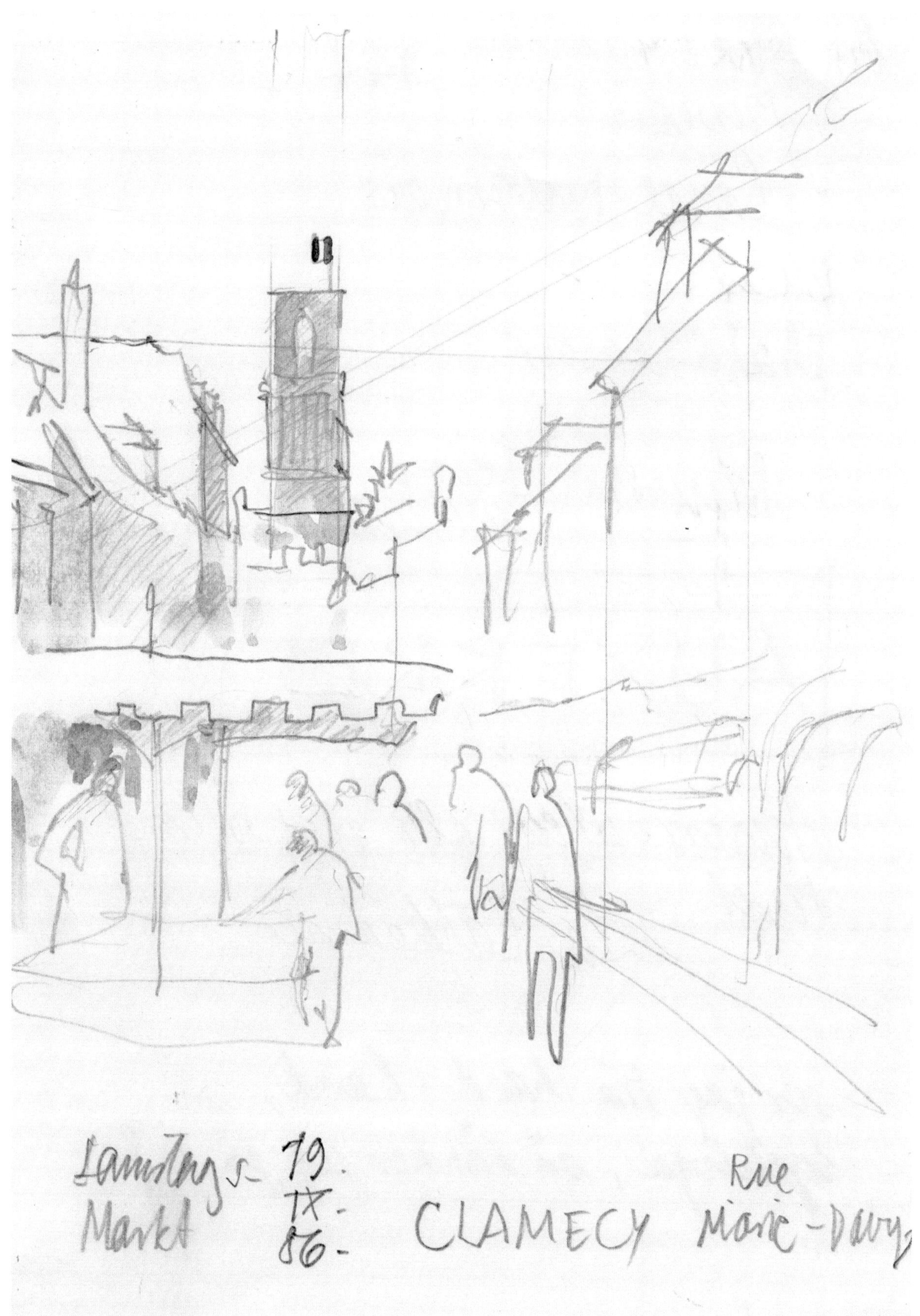
Samstags-Markt
19. IX. 86.
CLAMECY
Rue Marie-Davy

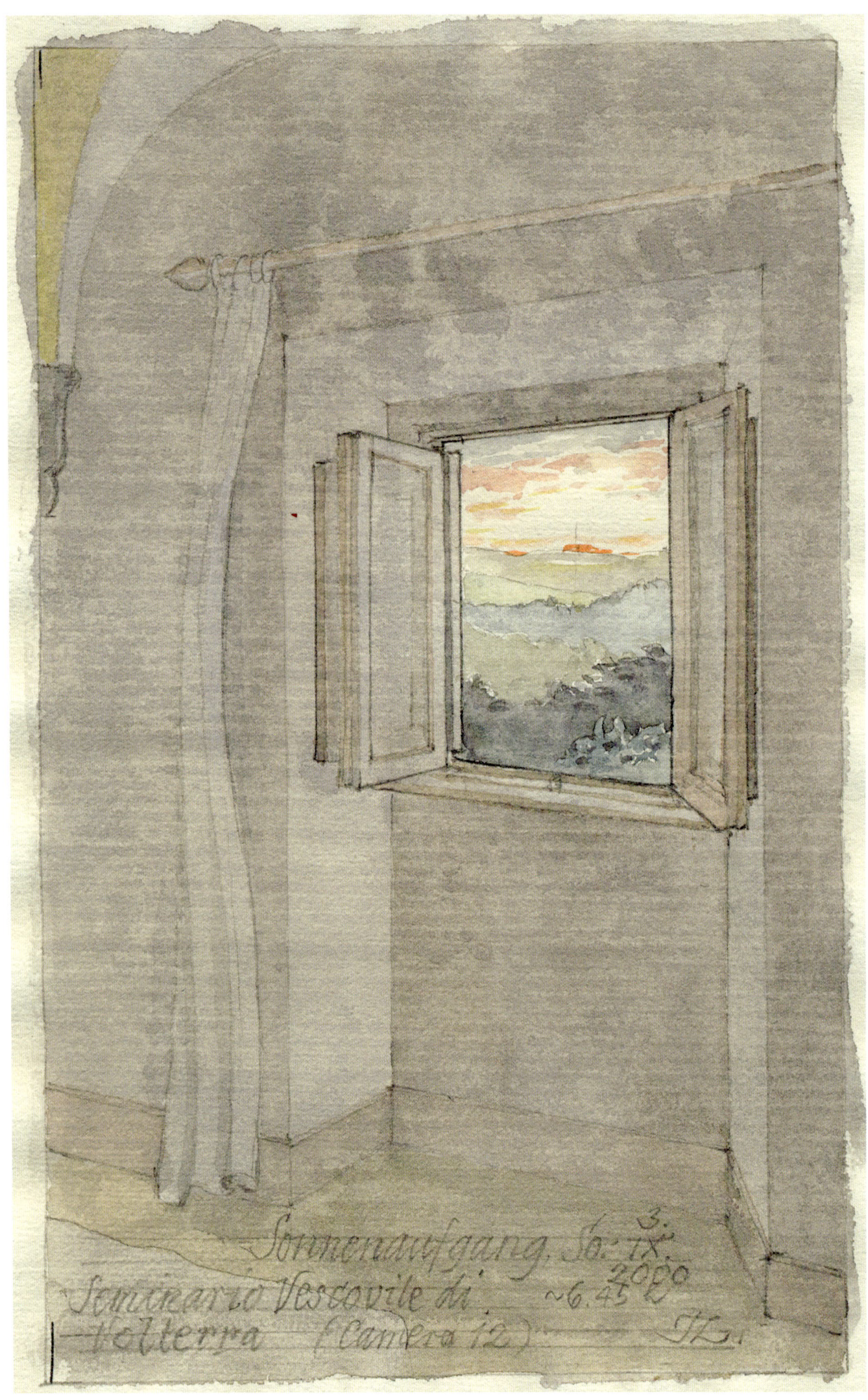
Sonnenaufgang, So. 3. IX. 2000
Seminario Vescovile di ~6.45
Volterra (Camera 12)

Landschaft
Lage im Gelände

Abb. 43
Sonnenaufgang
Seminario Vescovile di Volterra
Sonntag, 03.IX.2000

Das Sehnsuchtsland der Deutschen – Italien war auch im Herbst des Jahres 2000 wieder das Ziel einer sehr geglückten Exkursion. Den zweiten Standort für unseren Studienaufenthalt hatten wir in Volterra festgemacht und im „Seminario Vescovile di Volterra“ (S. Andrea) fanden wir in klösterlicher Einfachheit eine sehr angemessene Bleibe. Die Römer nannten diese alte Etruskerstadt „Vola Terrae“ – die über die Lande „dahinfliegende Erde“. Das ist sehr poetisch, aber auch wiederum recht treffend gesagt. Fast ganz ohne nennenswert hässliche bauliche Ausuferungen an seinen Rändern, ist dieser Stadt etwas ganz eigenständiges, ja, geheimnisvolles zu eigen. Ist das auf seine einstige, nie mehr in seiner ursprünglichen flächenhaften Ausdehnung erreichte Größe zurückzuführen?

Die schönste Gegend der Welt, wenn sie keine Vergangenheit zurückruft, wenn sie nicht die Spuren irgendeiner merkwürdigen Begebenheit trägt, ist ohne Bedeutung im Vergleich mit historischem Boden.

Madame de Staël

Das Schönste an dieser Stadt sind die Blicke, die man in die weite Landschaft hat. Die ziehenden Wolken, die zwischen Tyrrhenischem Meer und dem Apennin, zwischen Korsika und den Apuanischen Alpen viel Platz haben, sich zu entfalten und der gewaltige nächtliche Himmel mit seinen Lichtern, gehören zu dieser alten Etruskermetropole. Auch die Trommelwirbel, die – so wie wir es an einem Abend als Spektakel erleben konnten – durch die nächtlichen Gassen schallten, machen diese Stadt unvergessen.

Unvergesslich auch wird für mich der Sonnenaufgang sein, den ich von der kaum beginnenden Dämmerung an von meinem Fenster aus, nach Osten ausschauend, erleben konnte: Kaum ein Laut, kein Hauch drang von der unendlich weiten hügeligen Landschaft in meine Klause. Dann war da ein rötlicher Saum über den weiten Hügeln. Kontinuierlich entfaltete sich dieses Licht und wechselte zu einem unglaublichen Saturnrot bis tiefem Zinnober-Orange. (Abb. 43)

Dass ich zum atemlos staunenden Zuschauer dieses zauberhaft-stillen Schauspiels werden durfte, erscheint mir heute noch wie ein Geschenk.

In dem Augenblick, als sich der aufsteigende Glutball der Sonne über den Horizont auszubreiten begann, bewegte ein leichter Windhauch die Blätter der Feigenbäume unten im Garten, und es war der Schrei eines Esels zu hören.

Abb. 44
Skruvshult, der Nachbarhof
10.VII.85

Unter ständigem Wechsel und Zunahme der Intensität des Lichts und der farbigen Erscheinung erhob sich siegreich die Sonne über die verbleichende Nacht; – und ich sah dies alles in der noch schlafenden Welt.

Nun aber zurück zu der aquarellierten Skizze vom 3.IX.2000: Dieser nächtlich früh-morgendliche Blick aus meiner Klause sollte ein Erleben zum Ausdruck bringen, das sich in diesen rasch aufeinanderfolgenden farblichen Veränderungen eigentlich kaum darstellen lässt.

In dem Augenblick, da ich dieses Schauspiel erlebte, war ich nicht fähig, zu Zeichenblock, Stift und Pinsel zu greifen. Ich fühlte nur eine große Dankbarkeit darüber, rechtzeitig aufgewacht zu sein.

Wenn ich es dennoch versucht habe, dieses Erleben festzuhalten, so war es mir wichtig, die Rahmung des geöffneten Fensters als Mitte des Geschehens zu bestimmen und bis auf diesen Ausschnitt alles Übrige – mit mehrfachen dunkleren Farblasuren versehen – zurücktreten zu lassen.

Vom zeichnerischen Vorgehen her sind es natürlich wieder die vier vertikalen Kanten der Fensternische gewesen, die ich zuerst auf das Blatt gesetzt habe, um dann das geöffnete Fenster und den leicht in Bewegung geratenen Vorhang zu zeichnen. Der Ansatz des Gewölbes mit der Konsole charakterisiert den Ort etwas näher.

Szenenwechsel:
Wenn Eltern mit Kindern so recht Ferien machen möchten, gibt es aus meiner Erfahrung kaum etwas, was besser dafür geeignet wäre, als ein altes Bauernhaus in Schweden zu mieten, beispielsweise in der Landschaft Småland, um dort eine Reihe von Sommertagen zu verbringen.

In der Tat waren wir alle sehr zufrieden mit der Situation, die wir vorgefunden hatten. Acht Kilometer waren es, die wir bis nach Högsby, der nächsten Kleinstadt fahren mussten, und ungefähr zwanzig Kilometer hätten wir bis nach Oskarshamn, der Hafenstadt benötigt, von der aus das Schiff nach Gotland geht.

Ein See, wenige Schritte vom Hause entfernt mit Bootssteg und Ruderboot, und Wiesen mit den schönsten Blumen, dazu Wald und

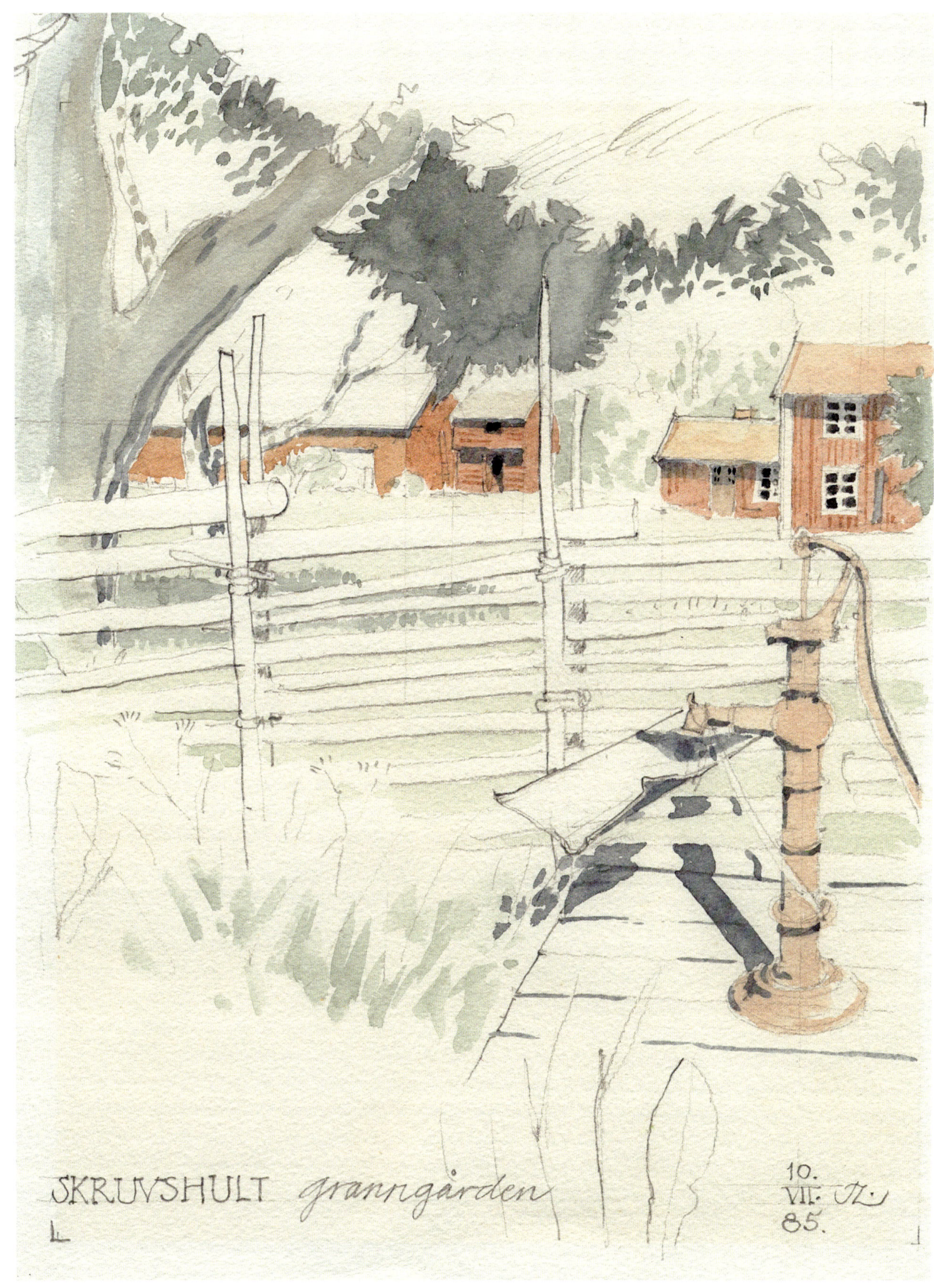
SKRUVSHULT grannGården
10.
VII.
85.

nochmals Wald. Was war das nicht für eine wundervolle Welt voller möglicher Abenteuer und Entdeckungen. An Waldbeeren konnten wir uns regelrecht satt essen: Blaubeeren, Wilderdbeeren, Kronsbeeren und hier und da auch herrlich saftige Himbeeren, denn der recht kurze nordische Sommer lässt die Früchte des Waldes fast alle zur gleichen Zeit reif werden. Natürlich entdeckten wir Pilze, um den Speiseplan zu erweitern – und mit Eierpfannkuchen lassen sich diese Zutaten vorzüglich kombinieren.

Die Kinder waren fast immer unterwegs, denn es gab so vieles zu entdecken und aufzuspüren. Irgendwo tief im Wald versteckt – waren noch die Reste eines alten Gehöftes auszumachen, und mit Gummistiefeln ausgerüstet war es sehr verlockend, auch den Geheimnissen der Tiere aufzulauern; zum Beispiel den scheuen Schlangen, und noch nie zuvor hatten wir „fliegende Monster" sehen können, die gegen die Wand der alten Scheune brummten. Es waren Hirschkäfer von imponierenden Ausmaßen.

Wenn es am Abend draußen kühl zu werden begann, war es behaglich, sich vor dem prasselnden Kaminfeuer Geschichten vorzulesen, und dazu gab es Griesbrei. Wir Erwachsenen liebten es, früh aufzustehen, um in Ruhe nach dem Frühstück in der Sonne am Wasser zu liegen und in die Wolken zu blicken.

Diese Bleistiftskizze (Abb. 44) entstand an einem frühen Nachmittag, als wir unseren Tee tranken. Das Blätterdach der drei mächtigen Ulmen bestimmte den Zwischenraum, der von unserem Haus zum sehr alten Nachbarhof bestand.

Einmal wurden wir von den Nachbarn dort zu Kaffee, Kuchen und Gebäck eingeladen. Die Inneneinrichtung war einfach, praktisch und sehr geschmackvoll, aber man hatte draußen gedeckt, denn der schwedische Sommer dauert nur etwa knapp drei Monate, und alle wissen, dass diese Zeit unwiederbringlich ist. Im Schatten eines großen Baumes hatten wir von hier aus eine andere Perspektive. Es wurde viel erzählt, und man sagte uns, dass Greta Garbo ihre Kindheit einst auf diesem Hof verbracht habe.

Die Skizze ist, wie könnte es anders sein, nach der gleichen Methode entstanden, wie alle die anderen Blätter auch. Dass es ein sehr warmer

Sommertag gewesen ist, wird durch das stehengebliebene Weiß des Zeichenkartons deutlich; damit sollte die Lichtfülle zum Ausdruck kommen. Sonst sind es nur die Rot-Töne der Holzbauten und der alten etwas rostigen, aber voll funktionstüchtigen Handpumpe, sowie das Grau-Grün der Vegetation, welches aber hauptsächlich nur da sichtbar gemacht wurde, wo es Schatten gibt. Der deutliche Schlagschatten der Pumpe und der Schatten unter den Dachüberständen (Traufen) trägt dazu bei, die Atmosphäre dieses Sommertages zu schildern. Eine zusätzliche Tiefenwirkung entsteht dadurch, dass die Türöffnungen in dem kleinen Häuschen neben der großen Scheune ganz dunkel angelegt sind, sowie auch die Glasscheiben der Eingangstür und der Fenster.

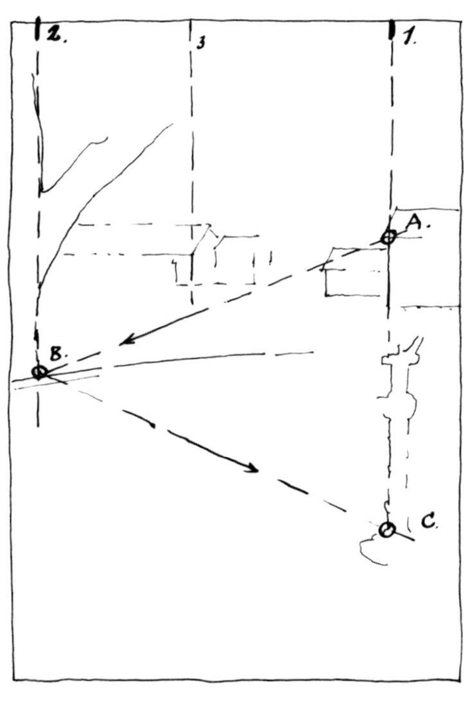

Abb. 45

Auf der nebenstehenden Skizze versuche ich deutlich zu machen, wie dieses Motiv durch wenige vertikale Gebäudekanten auf meinem Zeichenblock verankert ist.

Markierung 1: das Wohnhaus und damit fast in gleicher Vertikalität die linke Seite der Pumpe;
Markierung 2: die rechte Flanke der alten Ulme;
Markierung 3: die rechte Gebäudekante der großen Scheune.

Dort, wo der mächtige Stamm des Baumes den Boden berührt und – scheinbar – die Oberkante des vierten Brettes des typischen Smålandszaunes tangiert *(B)*, habe ich den Ausgangspunkt gewählt für das Einmessen des Traufenpunktes vom Wohnhaus *(A)* und für den Sockelpunkt der Pumpe *(C)*.

Wenn es mir nun gelungen sein sollte, einen wunderschönen Ferientag auf dem Bauernlande in dieser alten schwedischen Provinz zu veranschaulichen, könnte es vielleicht für den Betrachter sogar möglich sein, sich das Summen der Bienen, den angenehm erdigen Geruch vom Wasser des Sees und das sanfte Rauschen des Schilfs am Ufer vorzustellen.

Eigentlich sind es diese Sensationen der geringeren Art, sind es doch eher die kleinen Nebensächlichkeiten im Alltäglichen, die uns – wenn wir sie denn zu entdecken vermögen – das Leben bewusster erleben lassen. Das Laute, das Spektakuläre, das, was *„Ach! der Menge gefällt, was auf den Marktplatz taugt, […]“* (Friedrich Hölderlin) ist oft weniger in der Lage, uns zu erfreuen und unser Herz anzurühren.

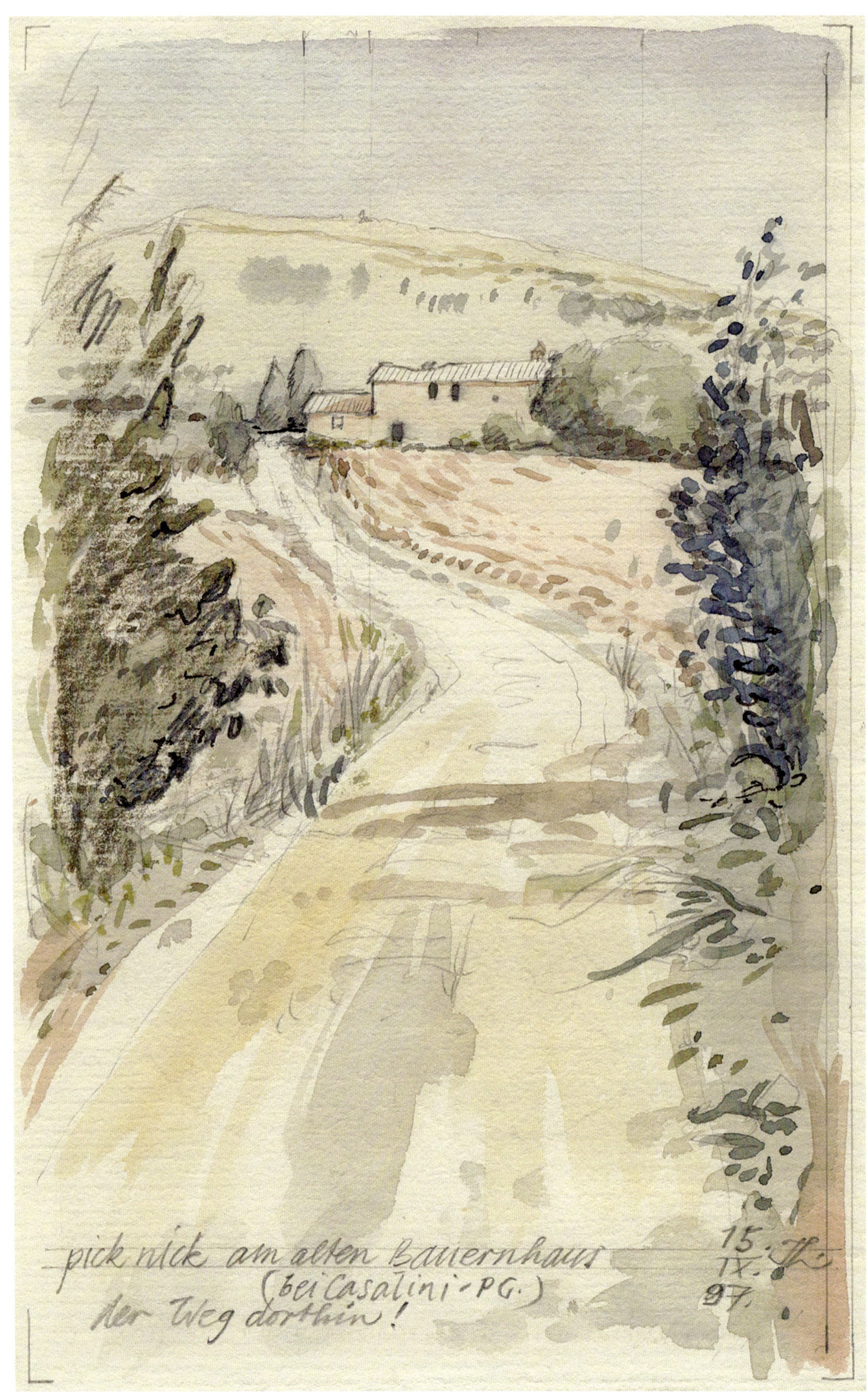
pick nick am alten Bauernhaus
(bei Casalini - PG.)
der Weg dorthin!
15.
IX.
97.

Marc Levy drückt es in seinem Roman „Solange du da bist“ wie folgt aus: *„Und inmitten dieser unglaublichen Symphonie von Leben und Materie stehen wir, du und ich und alle anderen Menschen. Wie viele von ihnen sehen wohl, was ich dir gerade beschrieben habe? Wie viele sind sich jeden Morgen bewusst, was für ein Geschenk es ist, aufzuwachen und zu sehen, zu riechen, zu spüren, zu hören, zu empfinden? Wie viele von uns sind fähig, ihre Sorgen nur für einen Augenblick zu vergessen und dieses unglaubliche Schauspiel zu bewundern? Man möchte meinen, dass dem Menschen nichts weniger bewusst ist als sein eigenes Leben.“*

Abb. 46
Picknick am alten Bauernhaus
bei Casalini (Umbrien)
15.IX.97

Die geheimnisvolle Stille der von Wäldern umstandenen Seen Schwedens liebe ich sehr, weil ich diese Welt seit meiner frühesten Kindheit kenne. Die Landschaften Italiens sind etwas ganz anderes. Man spricht davon, dass sich in ihnen eine gewisse Zeitlosigkeit spiegelt. Mir scheint die besondere Schönheit Italiens darin begründet zu sein, dass ihr etwas spezifisch Uraltes und gleichzeitig sehr Lebenskräftiges zu eigen ist. Eckart Peterich beschreibt es so: *„Viele von uns ahnen, dass sie dies Uralte, dieses Alterslose in Italien finden werden. Gibt es das nicht auch in unseren Ländern? Gewiss, es weht auch über der Nordsee, es schaut uns auch aus unseren Seen an – und ist doch so uralt, so alters los nicht, wie in Italien. Warum? Weil bei uns die Zeiten, in denen die Natur mächtiger war als der Mensch, so viel näher sind als am Mittelmeer: rund ein Jahrtausend näher! Wo wir in Italien der Natur gegenübertreten, steht zwischen ihr und uns eine gewaltige Zeitspanne menschlicher Vorherrschaft über sie, und das ist es, glaube ich, was uns beim Anblick mancher südlicher Landschaft das überwältigende Gefühl des Uralten und Alterslosen gibt.“* (aus: Italien I – Oberitalien, Toscana, Umbrien)

Für den Herbst 1997 konnte ich einen Kollegen und Freund und viele Studentinnen und Studenten des Fachbereichs 1 Architektur an der Fachhochschule Bochum wieder einmal dafür begeistern, sich mit mir auf den Weg nach Italien zu machen. Das Grenzgebiet zwischen der Toskana und Umbrien war die Region, die wir miteinander bereisten, und zwischen Siena und Assisi gab es sehr vieles zu sehen und zu zeichnen, was den angehenden Bauschaffenden für die Schulung ihres ästhetischen Empfindens von Bedeutung sein müsste.

Was es jedoch für ein wundervolles, ja, geradezu einmaliges Erleben war, den Bus auch einmal verlassen zu dürfen, um die ländliche Gegend, durch die wir gefahren waren, ganz unmittelbar – mit den Füßen, mit der Nase, mit den Ohren – wahrzunehmen, erfuhren wir alle, als wir tatsächlich ausgestiegen waren. Wir ließen gerne unseren Pullman, der uns zuvor durch Ölbaumfelder und an Höfen vorbei transportiert hatte, auf dem Feldwege zurück und folgten einem etwas holprigen und staubigen Pfad, der uns an alten Ölbäumen, an vielerlei Buschwerk, an Maisfeldern und Weiden zu einer Senke leicht abwärts führte.

Zunächst hatte der Boden eine rötliche Färbung, wechselte dann aber in ein helleres Ocker. Um uns brummte und summte es. Manch einer aus der sich lang dahinziehenden Pilgerschar entdeckte etwas am Wegesrand: schönfarbene Steine, Scherben, Pinienzapfen, allerlei Kreuchendes und Fleuchendes. *„Was ist denn das, was da so duftet?“ – „Das sind Thymian, Rosmarin, Lavendel, Liebstöckel und manches andere Kraut“.*

Als wir an einem trockenen Bachlauf angelangt sind, an dessen Böschung sich kleinere Bäume und Sträucher gruppieren, wird da, wo der Ackerweg den Bach quert, der Blick frei auf ein altes Gehöft. In S-förmigem Schwung, leicht wieder ansteigend, läuft der Weg auf die östliche Ecke des lang gezogenen Gemäuers zu. (Abb. 46)

Es ist ein schöner Anblick. Überzeugend schön für denjenigen, welcher ein Auge hat für die gute Platzierung eines Gebäudes im Gelände. Der alte Bauernhof liegt auf einer sanften Geländeschwelle, er schmiegt sich der Länge nach an die Höhenlinien, und er findet Schatten, Schutz und Anlehnung durch eine Gruppe von Bäumen.

Wer nie erlebt hat, wie ein harmloser Bach bei wolkenbruchartigen Regenfällen oder im Frühjahr anschwellen und zu einem reißenden Flüsschen werden kann, dem wird es nie auffallen, dass die Alten immer sehr genau wussten, *wie* ein Bauwerk in der Landschaft zu liegen habe.

Der einst so sichere Instinkt für das Positionieren von Gebäuden, für das Führen von Straßen und für das Anlegen von Plätzen im Gelände, und damit für das gute Gesamterscheinungsbild einer Ortschaft und einer Stadt, ist verlorengegangen. Seitdem die uns zur Verfügung stehende Technik alles erlaubt. Und seitdem wir unsere Planung fast ausschließlich vom Reißbrett bzw. vom Computer aus bewerkstelligen, kümmert es uns wenig, ob Höhenlinien mit Straßenfluchten korrespondieren.

Wir staunen nur darüber, dass alte Ortschaften, Stadtsilhouetten und Gehöfte fast immer richtig und eben so überwältigend schön in der Landschaft liegen.

Eine Erklärung für diesen Tatbestand sehe ich darin, dass man sich einst Mühe gegeben hat, den rechten Standort, die sinnvolle Einbettung zu finden, damit dann um so weniger Muskelkraft aufgebracht werden musste, um das Vorhaben zu einem guten und dauerhaften Ende zu bringen. Das Planen und Bauen im Einklang mit dem vorhandenen Gelände vermied bewusst den Einsatz größerer Erdmassenverschiebung. Wir lassen gleich die Planierraupe kommen, weil wir meinen, dass es darum ginge, vor allen Dingen schneller ans Ziel zu gelangen.

Die uns heute immer noch so überzeugend schön anmutende Geschlossenheit alter Stadtbilder hat ihre Ursache zu einem großen Teil darin, dass sich die Planer und Erbauer viel intensiver mit den Gegebenheiten *vor Ort* auseinandergesetzt haben als wir das heute für notwendig halten.

Ich bin der Überzeugung, dass nur derjenige Mensch ein ausgewogenes Empfinden für Schönheit und angemessene Erscheinungsformen zu entwickeln in der Lage sein wird, welcher sich mit Muße und Einfühlungsvermögen einer Gebäude- und Geländesituation annimmt. Und: Dieses liebevolle Betrachten, dieses Sehen und Erkennen erwirbt der Mensch am zielsichersten und am besten beim Skizzieren *vor Ort*.

Auf seiner Italienreise bemerkte Goethe beim Betrachten des Minerva-Tempels in Assisi (Oktober 1786): *„Nicht allein das Gebäude sollte man zeichnen, sondern auch die glückliche Stellung."* Recht hatte er, und gezeichnet und aquarelliert hat er viel und auch ganz gut.

Unvergesslich für alle an der Exkursion Beteiligten wird das wunderbare Picknick sein, das uns liebe Freunde aus der Gegend mit den

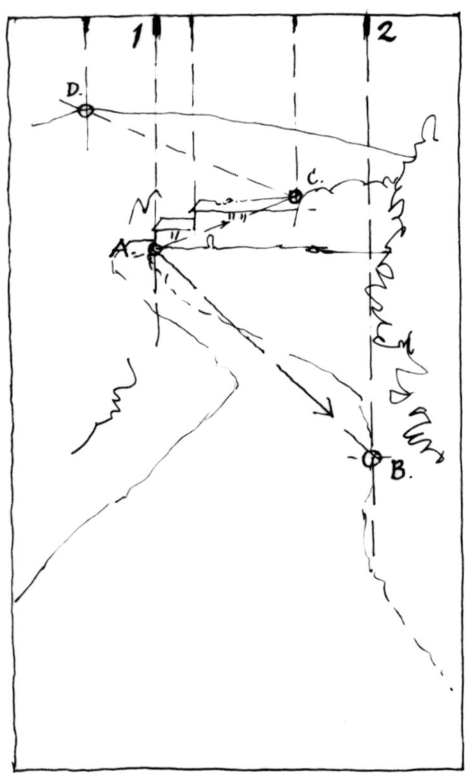

Abb. 47
Aufbau des Motivs

guten Dingen vor Ort zusammengestellt hatten. Damit ist uns das grüne Umbrien in bleibender Erinnerung geblieben.

Eine Bemerkung noch zu der farbig angelegten Skizze: (Abb. 46) Für mich ist der Standort von besonderer Bedeutung, weil ich den Studentinnen und Studenten genau von dieser Position aus die glückliche Lage des Gehöftes habe vor Augen führen können. Nachdem wir Wein, Brot, Oliven, Käse, Trauben und Tomaten im Schatten der Bäume genossen hatten, und uns nach und nach die immer noch solide Konstruktion und die klare Gliederung des Gehöfts begreiflich geworden waren, haben einige Kommilitonen auch von dieser Stelle aus eine Skizze angefertigt.

Die an dem Bachlauf an der ehemaligen Brücke befindlichen Büsche erschienen mir auf meiner Skizze zu wenig markant als Rahmung und Vordergrund zu sein. Deshalb habe ich später, als ich für meine Vorlesungen ein Dia anfertigen lassen wollte, mit Farbstiften und Aquarellfarben, sogar mit schwarzer Tinte noch etwas nachgeholfen.

Die schöne Wegführung und die Lage eines ortstypischen Bauwerkes im Gelände sind bei diesem Blatt das Ausschlaggebende. Hierher gehört für mich die bemerkenswerte Aussage aus dem schon zitierten Buch von Joachim Fest: *„[…] Zugleich die Überlegung, dass Natur zur Landschaft erst durch Gebautes wird.“*

Oben an der Blattkante kann man die Markierungen erkennen, die für die Bestimmung der Bildtafel, und damit auch für die Breite des Gebäudes und die maximale rechte äußere Biegung des Weges von Bedeutung gewesen sind. Die genaue Position dieser Ausbuchtung des Weges rechts an der Stelle der Brücke habe ich durch eine diagonale Schnitt-Linie, ausgehend von der linken Ecke des niedrigen Anbaus, *(A)* gewinnen können. (Abb. 47)

Exkurs – die eigene Wahrnehmung

Jetzt ist es an der Zeit, eine Gedankenpause einzulegen. Es wird sich als sinnvoll erweisen, auch zwischendurch die eigene Wahrnehmung ins Spiel zu bringen. Dafür ist es erforderlich, die Aufmerksamkeit auf etwas anderes zu lenken:

Schauen Sie einmal auf und sehen Sie sich um!

Wie sieht es dort aus, wo Sie sich jetzt gerade befinden?

- Worauf sitzen Sie?
- Haben Sie es sich bequem gemacht,
  oder möchten Sie sich etwas anders arrangieren?
- Sie könnten mit den Füßen wippen,
  oder sich Ihre Hände anschauen.
- Gibt es etwas zu hören? Wird irgendwo der Rasen gemäht?
  Singt ein Vogel?
- Es könnte sein, dass Sie hören können,
  wie sich die Blätter bewegen.
- Von woher kommt das Licht?
- Ist es die Sonne, die leuchtet,
  oder kommt der Schein von einer Lampe?
- Stört es Sie, oder ist es Ihnen angenehm?
- Können Sie Ihren Blick etwas in die Weite lenken?
- Wenn bei diesem Versuch eine wie auch immer
  geartete Wand im Wege sein sollte, dann
- wäre ein Blick durch eine Lücke oder
  aus dem Fenster möglich, oder
- Sie könnten vielleicht in Ihrer eigenen Vorstellung
  etwas spazierengehen.
- Dann müssten Sie Ihren Blick mehr nach innen
  zu richten versuchen.
- Gibt es überhaupt dort, wo Sie sich gerade befinden
  so etwas wie Raumbegrenzungen?

- Nach vorne? Zur Seite hin? Rückwärtig? Etwa nach oben? Und wie sieht das alles aus?
- Natürlich ist da ein Boden zu Ihren Füßen, wie fühlt sich denn der an?
- Ist es Ihnen möglich, Farben zu unterscheiden?
- Sind Materialien auszumachen?
- Merkwürdig, einfach nur so da zu sitzen. Vielleicht stellen Sie sich die Frage: Kann ich mir das denn überhaupt erlauben?
- Jedenfalls ist auch dies *ein Augenblick* in Ihrem kurzen Leben.

Ganz gleich, ob es Ihnen nun gelungen sein sollte, Ihr näheres Umfeld und damit vielleicht auch sich selber – in ungewohnt anderer Weise zu entdecken, hatten Sie vielleicht zum ersten Mal in Ihrem Leben die Möglichkeit, davon etwas zu verspüren, was man unter dem schwer zu fassenden Begriff *Raum* zu verstehen meint.

Auch zu dem etwas gebräuchlicheren Themenkreis *Zeit* ließen sich Überlegungen anstellen. Nur so viel zu der noch heute höchst interessanten Raumvorstellung z. B. bei Kant und Hegel: Für Immanuel Kant (1724–1804) sind *Raum* (und Zeit) keine objektiven Größen, sondern Vorstellungsformen der menschlichen Erfahrung und „Formen der Sinnlichkeit".

Der niederländische Architekt Aldo van Eyck (1918–1995) führt aus: *„Was auch immer Raum und Zeit für eine Bedeutung annehmen, Ort und Ereignis bedeuten mehr [...] Der Raum bietet keinen Ort und die Zeit keinen Augenblick. Mach aus jeder Tür einen Empfang und gib jedem Fenster ein Gesicht. Mach aus jedem einen Ort; eine Fülle von Orten aus jedem Haus und aus jeder Stadt."*

„Schönheit bildet sich in dem, der sie sucht" sagt Bettina von Arnim (1785–1859). Deshalb möchte ich fortfahren, Bildbeispiele zu wählen und Themenbereiche vor Augen zu stellen, damit es vielleicht gelingen kann, beim Leser ein Verlangen hervorzulocken selber mit dem Zeichnen zu beginnen.

Die Zeit ist wie der Raum eine reine Form der Sinnlichkeit oder des Anschauens […]

Georg Wilhelm Friedrich Hegel

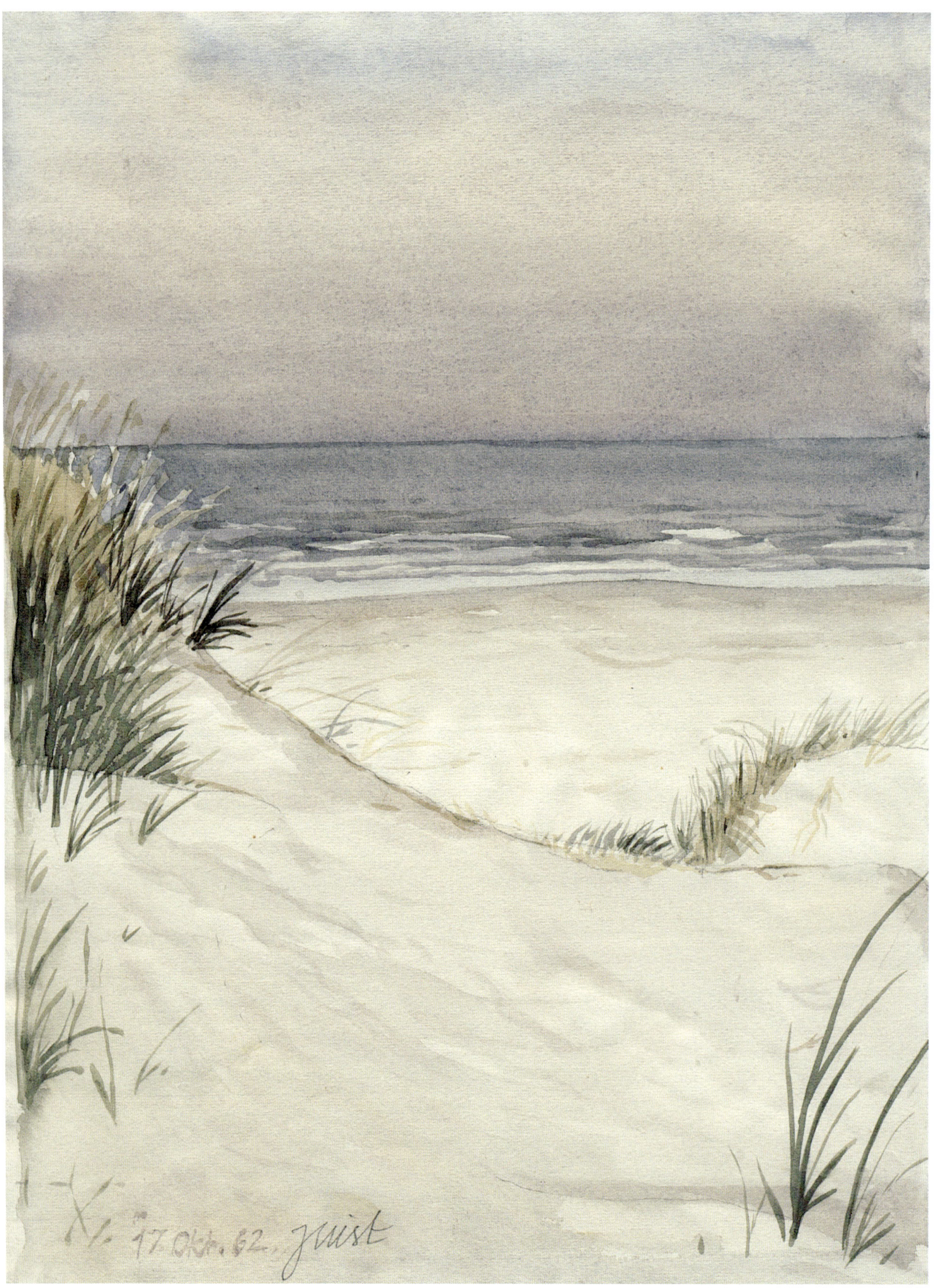
17. Okt. 62. Juist

Der Reiz des Malerischen

Abb. 48
Juist, 17. Okt. 62

Als ich nebenstehendes Blatt angefertigt habe, war ich Architekturstudent im 3. Semester. Das ist sehr lange her, doch das Bild kann immerhin von einem für mich wichtigen Erlebnis berichten. Es war die Entdeckung der Farbigkeit des Sandes am Meer. Und vielleicht könnte diese Erkenntnis auch für den Leser von heute etwas bedeuten: Zusammen mit zwei Kommilitonen und guten Freunden war ich für ein verlängertes Wochenende auf diese Nordseeinsel gefahren.

Wir durften uns in das Ferienhaus der Eltern von Christoff L. einquartieren. Der sogenannte zweite Inselfrühling bot Gelegenheit für asketisch-fröhliches Schwimmen. Wir nutzten die Zeit für das Zeichnen und Aquarellieren und an den Abenden wurde viel getanzt (auch hier ließen sich reizende Tanzpartnerinnen finden). Ich erinnere mich noch gut an einen der Tage, als sich meine beiden Freunde links und rechts von mir in geringer Entfernung ebenfalls in den Dünen platziert hatten, um jeweils einen Ausschnitt von Himmel, Wasser, Sand und Dünengras auf das Papier zu bringen.

Uns dreien bereitete es einiges Kopfzerbrechen, die richtige Farbtönung für den Sand der Dünen anzumischen. Leuchtend hell und, wie es uns erschien gelblich-ocker wäre der Farbton zu beschreiben, doch alle Versuche, aus unseren Farbkästen diese Entsprechung herauszubekommen, schlugen fehl. Ich weiß es nicht mehr so ganz genau zu rekonstruieren: Ist es so gewesen, dass ich mir einige Sandkörner ganz genau und isoliert betrachtet hatte, oder war mir schließlich Erfolg beschieden durch das Ausprobieren verschiedenster Farben-Mischungsverhältnisse.

Plötzlich schien es mir gelungen zu sein, den richtigen Farbton zu treffen und glücklich rief ich den beiden Andern zu: *„Ich hab's gefunden!"* Das Mischungsverhältnis von Blau und Rot (mit vielleicht einer ganz geringen Beimengung von Gelb) ist es gewesen, was die Farbigkeit des Sandes ausmacht.

Alle drei waren wir uns später einig darüber, dass das ursprüngliche Gestein, aus dem durch eiszeitliche Urkräfte des Zermalens diese feinen und feinsten Sandkörner geworden waren, dem rötlichen Grau und dem Grau-Blau der granitenen Felsen Skandinaviens entsprochen haben muss. Also war im Prinzip die Mischung aus Blau und Rot im Verbund mit dem Papierweiß als die Ausgangslage für das glitzernde Weiß des Strandes anzusehen. Nachdem wir – auf dieser Erkenntnis aufbauend – auf das Neue an die Arbeit gingen, zeigte es sich, dass die Färbung des inzwischen schon spätnachmittäglich werdenden Himmels auf das beste in diese Farben-Familie hineinzuspielen begann. Die Horizontlinie war noch auszumachen, aber ein wundervolles Blau-Violett des Himmels ließ uns in unseren Bemühungen, dieses Naturschauspiel festzuhalten, den kühler werdenden Wind ganz vergessen.

Zwei bis drei sich verschneidende Dünen, Konturlinien mit etwas Strandgras und ein Büschel rechts ganz im Vordergrund lassen Tiefe erkennen. Wenn ich es recht betrachte, so ist es gelungen, die riesige Weite des Meeres deutlich werden zu lassen. Dieses Bild schaue ich mir auch heute noch gerne an. Man hätte drei junge Männer dabei beobachten können, wie sie vergnügt und zufrieden mit sich und der Welt zu ihrem Quartier stapften, und sicherlich hat ihnen das Essen an diesem Abend besonders gut geschmeckt.

Eine Konsequenz hat dieses Insel-Erlebnis noch gehabt, von der ich unbedingt berichten will: Während meiner Schülerzeit hatte mir mein guter Vater einen Aquarell-Farbkasten geschenkt. Als ich ihn voller Freude öffnete, war ich zunächst etwas enttäuscht, denn er beinhaltete nur zwei mal drei Farbnäpfe: und zwar jeweils Blau, Rot und Gelb. Einmal die der Natur eher verwandten Farbtöne Indigo, Englisch-Rot und Lichter Ocker, und dann ergänzend dazu die etwas kräftigeren Farben Ultramarin, Karmesinrot und Reingelb. Ich habe mich damals darum bemüht, diese für mich allzu begrenzte Farbenpalette, sobald es ging, um weitere „interessantere Farben" zu erweitern. Auch wenn es sich dabei nicht gerade um „Gold und Silber" gehandelt haben dürfte, so gefiel es mir doch, auf diese Art in Farben zu schwelgen.

Im schulischen Kunstunterricht und dann zu Beginn meines Architekturstudiums ist natürlich immer wieder von der Kunst des Farbenmischens die Rede gewesen, doch erst nach diesem eindringlichen Experimentieren in den Dünen, sind mir die großartig vielfältigen Möglichkeiten, die sich aus dem Mischen nur dreier Farbtöne ergeben können, bewusst geworden.

In der Begrenzung der Mittel erst zeigt sich der Erfolg; und was sich eben auch wieder bewahrheitet hatte: Jeder Mensch muss seine Erfahrungen *selber* machen.

Auf unserer Studienfahrt in das Veneto vom 18. bis 27. September 1991 konnten zum ersten Mal Studentinnen und Studenten von der TU Dresden mit dabei sein. Die Architektur eines Andrea Palladio und eines Carlo Scarpa waren das Hauptthema dieser Exkursion, und deshalb befand sich auch unser Standquartier in der schönen Stadt Vicenza. Diese für unser Vorhaben günstige Ausgangslage erlaubte es uns, den Städten Verona, Venedig, Possagno und S. Vito d'Altivole jeweils einen Besuch abzustatten.

Am sechsten Tag unseres Aufenthaltes in Venetien starteten wir in aller Frühe, um die Lagunenstadt Venedig – so, wie es eigentlich geschehen sollte – vom Meer aus zu erreichen. Von der Punta di Sabbioni auf dem Lido di Jésolo, der Venedig östlich vorgelagerten Halbinsel, aus fuhren wir mit dem Schiff bis zur Mole, und landeten somit vor dem Dogenpalast direkt in der guten Stube dieser außergewöhnlichen Stadt.

Wer Großes will, muß sich zusammenraffen: In der Beschränkung zeigt sich erst der Meister und das Gesetz nur kann uns Freiheit geben.

Johann Wolfgang von Goethe

In Anbetracht der für den Besuch nur eines Tages viel zu vielen lohnenswerten Ziele hatten wir uns von der Exkursionsleitung dazu entschlossen, es allen Beteiligten frei zu stellen, auf eigene Initiative hin, selber Schwerpunkte für einen gewinnbringenden Aufenthalt auszuwählen: Einzelne Werke der genannten großen Architekten, der Besuch der Biennale oder einfach nur das Erleben von Straßen, Gassen, Plätzen, Brücken und Kanälen standen zur Wahl. Eine fast hoffnungslose Überforderung, wie wir alle wussten.

Immerhin hatten wir es einrichten können, dass ich gleich nach unserer Landung den erwartungsfrohen Studiosi in einem Kurzvortrag die Geheimnisse der stadtbaukünstlerischen Feinheiten von Piazzetta und Piazza di San Marco zu memorieren hatte. In einem knapp geführten Rundgang – beginnend an der Riva degli Schiavoni bis hin zur Schmalseite der Prokuratien mit Blick auf die Front von San Marco – habe ich versucht, das in der Theorie bereits bekannte, durch eigene Anschauung lebendig werden zu lassen.

Fast alle von uns haben dann aber sehr schnell Reißaus genommen, denn dieses, wundervolle Herzstück von Venedig ist leider doch tou-

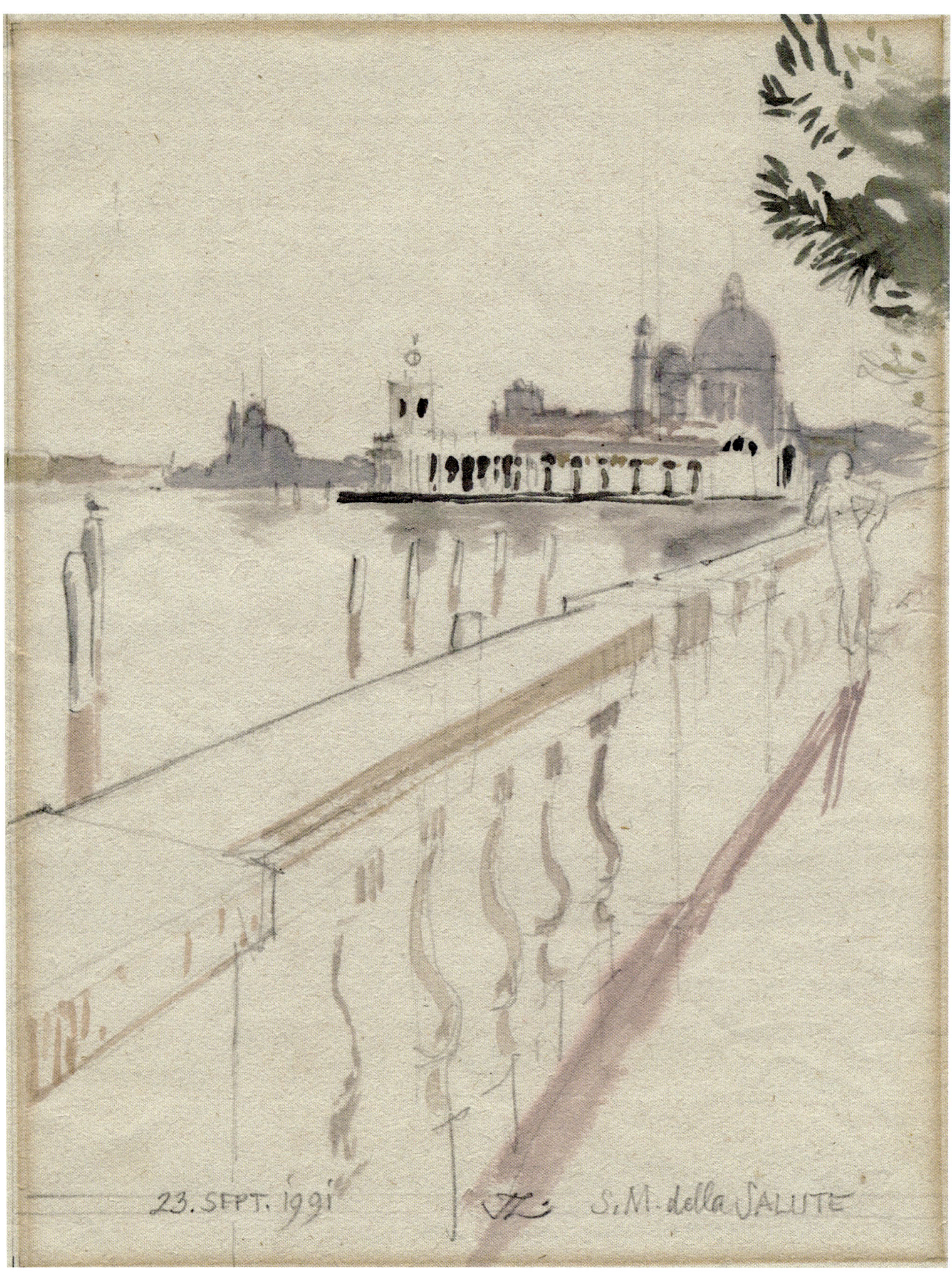
23. SEPT. 1991
S. M. della SALUTE

ristisch so überlastet, dass man sich lieber irgendwo anders hinbegeben möchte, um die ganz besondere Qualität des venezianisch Städtischen zu erleben. Zum Glück genügt dafür schon eine Entfernung von nur wenigen Gassen, um diesen Zauber tatsächlich auch entdecken zu können.

Abb. 49
S. M. della Salute, Venedig
23. Sept. 1991

Mich selber überkam eine Sehnsucht nach Weite, Luft und Horizont. Denn die vor kurzem erlebte traumhaft schöne Fahrt mit dem Schiff war mir noch in frischer und sehr lebendiger Erinnerung: Langsam aus dem Salzwasserdunst tauchte sie auf, die Silhouette dieser unglaublich schönen Stadt; und noch während ich mich wieder von diesem Anblick verzaubern ließ, und mich bemüßigt fühlte, einigen mit mir an der Reling stehenden Studentinnen und Studenten davon etwas zu vermitteln, verspürte ich selber den Wunsch, mit Stift und Farbpinsel, sobald es sich denn ergeben sollte, davon etwas einzufangen. (Abb. 49)

Also wandte ich mich nun den beiden großen Säulen zu, welche die Piazzetta zum Hafenbecken von San Marco auf genial einfache und transparente Weise wie eine imaginäre Platzwand abschließen. Ihre ganz bewusst eingerichtete Stellung lässt überhaupt keinen Zweifel aufkommen, in welche Richtung man sich als Fußgänger zu wenden hätte.

Die rechte Säule mit dem Schutzpatron Venedigs ist deutlich näher an die Bibliothek herangerückt, und der vom Heiligen Theodor besiegte Drache windet sich flach auf dem Säulenkopf liegend genau parallel zur Uferlinie. Außerdem befindet sie sich mit der anderen Säule fast in der Flucht der Biblioteca Marciana, sodass sich eine deutliche und geräumig öffnende Passage nach links hin vorbei an der Front des Dogenpalastes ergibt. Auch der geflügelte Markuslöwe auf der linken gleichgroßen Säule ist – sich nach links hinwendend – ebenfalls parallel zum Wasser angeordnet.

Mir ist diese beredte Sprache der Architektur gut bekannt, und die Ströme der Besucher der Stadt folgen diesem klaren Hinweis unwidersprochen; doch heute stehle ich mich heimlich in die entgegengesetzte Richtung davon.

Die hier hinter der ehemalige Münze liegenden Königlichen Gärten verheißen mir Ruhe und damit Muße, um von diesem Teil des Ufers aus vielleicht den Blick hinüber auf die alte Zollstation und auf die Kirche Santa Maria della Salute zeichnen zu können.

Eine Brüstung, von Balustern getragen, grenzt den Garten zum Wasser hin ab. Eine für den Beobachter mit malerischen Absichten günstige Situation, denn der kleine Aquarellkasten und der Wasserbehälter können hier ihren Platz finden. Wie bei allen anderen Gelegenheiten auch, wenn ich mir einen Platz zum Skizzieren ausgesucht habe, ist der Standort von sehr großer Bedeutung für das Gelingen.

Im Vordergrund das steinerne Geländer und die im Wasser vereinzelt stehenden Duckdalben sowie rechts das Blattwerk eines Baumes, – das alles bestimmt den Bildvordergrund. Die Dogana da Mar in ihrem leuchtend hellen Fassadenkleid mit der dahinter schon etwas im dunstigen Licht aufragenden Kirche Santa Maria della Salute als Hauptblickpunkt, wenn auch beabsichtigt etwas in die Ausmittigkeit gerückt, das macht sich großartig. Und dann zeichnet sich im Hintergrund, auf der Giudecca liegend, Il Redentore in vornehmer Silhouette ab.

In Venedig ist für mich dieser Kirchenraum der würdevollste, weil es Andrea Palladio hier in wundervoller Weise gelungen ist, durch knappe Formensprache und in zurückhaltender Verwendung von Material und Farbe mit dem einfallenden Licht ein Fest zu veranstalten. Der Innenraum von San Marco vermittelt durch die Kostbarkeit seiner Wandflächen und durch die Vorstellung davon, dass hier einst die *musica in eco* zum ersten Male zu hören gewesen ist, einen ganz besonderen Zauber, doch im Innenraum von Il Redentore wird mir die frohe Botschaft Jesu Christi auch ohne Musik und Wortverkündigung begreiflich.

Die Formen der Renaissance und des Barock sind also in der Bildmitte, im Hintergrund und ganz vorne gleichermaßen erkennbar. Das Licht, die dunstige Luft, eine ganz zarte Meeresbrise und meine erwartungsfrohe Grundeinstellung, lassen mich fast wie im Rausch die Striche ziehen und dann die wenigen farbigen Akzente setzen. Ich werde Zeit und Ort hier nicht vergessen und möchte – wenn es denn überhaupt möglich ist, das zu beschreiben – dieses Erleben als Augenblicke höchsten Bewusstseins und gleichzeitig auch als Moment des Entrücktseins bezeichnen.

Vielleicht erscheint meine Empfindung manchem rational denkenden Zeitgenossen übertrieben, doch es wird sich als völlig unzureichend erweisen, lediglich einen Beobachtungsposten einzunehmen, um kulturgeschichtlich interessiert für eine Weile eine schöne Gegebenheit als Motiv zu betrachten. Schauen allein genügt eben nicht, es gehört eine Art *Tätigkeit* dazu.

Du bist stark in den Dingen, *die du tust*. Wie also wäre es mit der Beschreibung dieses Augenblicks in Prosa oder in Versform oder mittels Notenschrift? Wenn keiner zuhören konnte, habe ich schon oft gesungen, um einem Innenraum oder auch Landschaftsraum meine Reverenz zu erweisen. Durch das Zeichnen gewinne ich etwas Dauerhafteres, und dem Leser ist ja bereits das Nachgehen, – der präzise beschriebene Weg *zu etwas hin* – als eine Methode nahegebracht worden.

Was du ererbt von deinen Vätern hast, erwirb es, um es zu besitzen.

Johann Wolfgang von Goethe (Faust I)

Noch einige Bemerkungen zur Materialität dieses Aquarells: Die zeichnerische Vorgehensweise ist – wie könnte es anders sein – dieselbe, wie schon beschrieben. Als Zeichenoberfläche hatte ich ein sehr saugfähiges, fast transparent zu nennendes, sogenanntes Japanpapier verwendet. Beim Farbauftrag wird nicht allein der Bereich, dem Farbe zugedacht ist, feucht, sondern über die Konturen der Zeichnung hinaus erscheinen größere Flächen wässrig und erst wenn, die Feuchtigkeit getrocknet ist, wird man gewahr, inwieweit sich die Farbe dort „eingenistet" hat, wo sie hingehören soll. Diese Art der farbigen Darstellung hält einiges an Überraschung für den Zeichner bereit.

Das ist wohl auch der Grund dafür gewesen, dass ich dem Himmel nur das Weiß des Papiers habe zugestehen wollen. Ich wollte aber auch die sanfte spätnachmittägliche Lichtfülle nicht unnötig dramatisieren. Und, so denke ich, spiegelt dieses Blatt mein Erleben an diesem Tage in angemessener Weise wider.

Zbigniew Herbert hat in seinem Buch „Stillleben mit Kandare" einen Lobgesang auf die Niederlande angestimmt, und ich zitiere aus einem angeblichen Brief des Malers Johannes Vermeer van Delft an den Naturwissenschaftler Antonie van Leeuwenhoek: *„Vielleicht wirst Du mir vorwerfen, unsere Kunst löse kein einziges Rätsel der Natur. Doch unsere Aufgabe ist es nicht, Rätsel zu lösen, sondern sie bewusst zu machen, den Kopf vor ihnen zu neigen und die Augen auf*

Abb. 50
Segeltour, Zierikzee
26.VII.2007

ein unablässiges Entzücken und Erstaunen vorzubereiten. […] Wenn ich meine Aufgabe richtig sehe, so besteht sie darin, den Menschen mit der ihn umgebenden Wirklichkeit zu versöhnen; darum wiederholen meine Zunftbrüder und ich unendlich viele Male den Himmel und die Wolken, Porträts von Städten und Menschen, diesen ganzen Krämerkosmos, denn nur in ihm fühlen wir uns sicher und glücklich. […] Gestatte jedoch, dass wir der Welt Worte der Versöhnung sagen, dass wir zu ihr sprechen werden von der Freude über die wieder gefundene Harmonie, von dem ewigen Verlangen nach erwiderter Liebe."

Die Niederlande… – Mit Freunden waren wir in Südholland zu einem Segelwochenende verabredet – und ich freute mich schon im Voraus darauf, jenes wundervoll ständig wechselnde Spiel von Wolken und Himmel verfolgen zu können. Dieses Mal waren es in der Hauptsache zwei der typischen Plattbodenschiffe, auf denen wir Logis nahmen. Der Aufenthalt auf diesen gemütlich bauchigen Booten erwies sich als komfortabel und überaus kommunikativ.

Immer schon habe ich diese schnellen und vielseitig verwendbaren Lastensegler im Hafen, vor allem unter voller Beseglung, gerne beobachtet und auch gezeichnet. (Abb. 50) Verglichen mit manch einer Motoryacht, sei sie auch noch so luxuriös und schnell, würde mein Herz immer wieder nur beim Anblick solch eines Gefährts höher schlagen. Es ist eben eine durch viele Jahrzehnte bewährte Leistungsform. Damit meine ich, dass es sich dabei um das geglückte Zusammenspiel von Minimierung an Material und Technik und gleichzeitig einem Maximum von Effizienz und Nutzung handelt. Wenn man diese Schiffe unter Segel sieht, stimmt auch immer die Probe auf das Exempel, denn deren Art der Fortbewegung ist im Vergleich zu jenen kopflastigen „Plastik-Renn-Hollywood-Aussichtsbalkons" ungleich überzeugender, weil es sich dabei um eine in vielerlei Hinsicht sinnvolle Konstruktion handelt, welche sich mit den Elementen in Einklang befindet.

Zwei dieser typischen Plattbodenschiffe haben gerade den Hafen der südholländischen Stadt Zierikzee verlassen und machen gute Fahrt. Gerade noch konnte man den nur bis zu einem Drittel seiner geplanten Höhe gediehenen Kirchturm der ehemaligen St. Lievens Kerk sehen, und nun sind wir auf dem Wege nach Burghsluis. Die uns begleitende Landschaft verändert sich ständig, der Abstand unserer beiden Schiffe

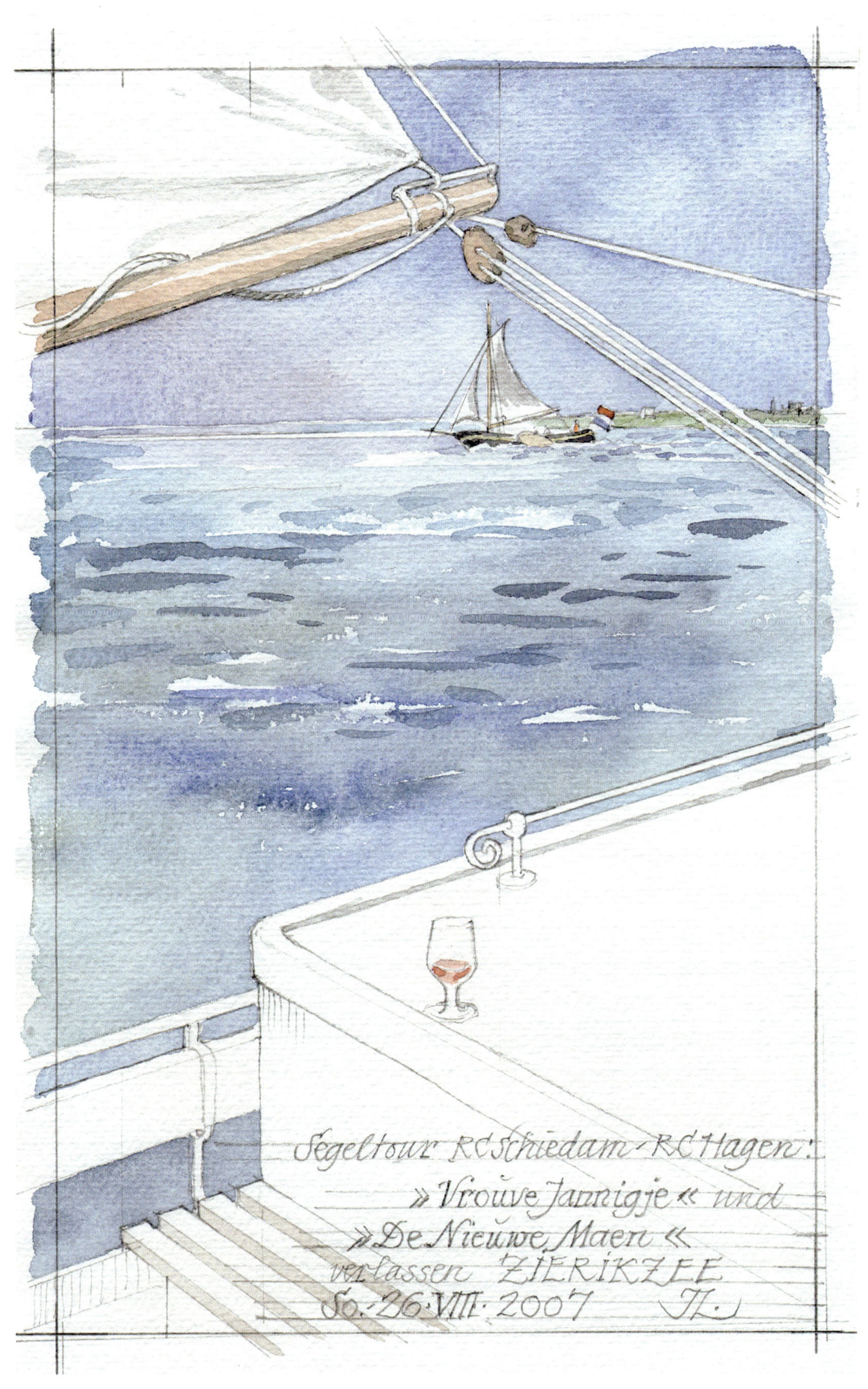
Segeltour RC Schiedam - RC Hagen:
»Vrouwe Jannigje« und
»De Nieuwe Maen«
verlassen ZIERIKZEE
So. 26. VIII. 2007 JL.

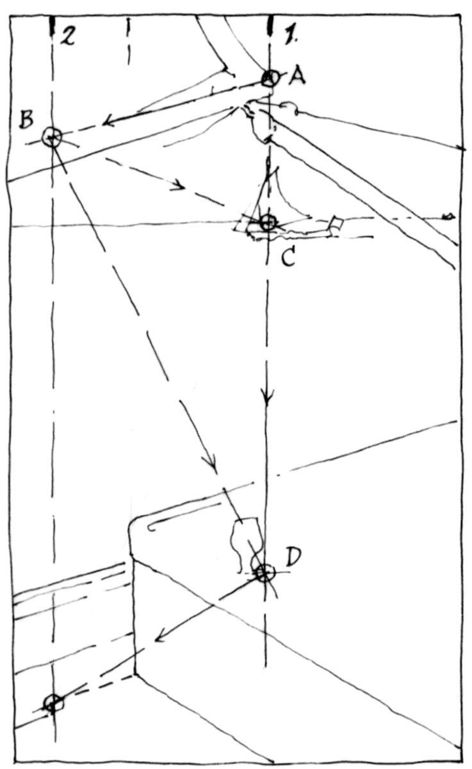

Abb. 51

jedoch ist annähernd konstant geblieben, und ich habe meine Position als zeichnender Beobachter so gewählt, dass sich Großmast der *Vrouwe Jannigje*, das Ende des Baumes unseres Großsegels *(A)* und das Rotweinglas *(D)* in einer senkrecht zu denkenden geraden Linie befinden. (Abb. 51) Eine ebenfalls gerade Linie, von der Vorderkante der Sitzbank nach oben hinauf zur Blattkante verlängert, dient mir dazu, meine Bildebene festzulegen; und schnell sind durch das Anvisieren mittels diagonaler Bezugslinien die wenigen Positionen für das steuerbordfahrende Schiff, den begleitenden Küstenstreifen und für den Kajütenaufbau festgelegt. Die Fluchten von Baum, Takelage, Reling und Kajüte werden durch das Anvisieren mit der Kante des Zeichenstiftes auf den Zeichenblock übertragen.

Und noch einmal ein Exkurs in meine Studienjahre.
Nebenstehende Berliner Zeichnung ist eine spontane und zügig hingehauene Skizze (Abb. 52). Das Wesentliche ist erfasst und auf das kleine Format des Spiralblocks übertragen worden. Im Vordergrund wird einer der gusseisernen Blumenkübel sichtbar, die Andeutung einer Baumreihe links und die Begrenzungskanten eines Weges, die auf den sich in seiner Breite lagernden Baukörper des Schlosses zu führen. Etwas aus der Bildmitte gerückt, erhebt sich der mittig aufstrebende Turm des Gesamtkomplexes. Bei dieser zeichnerischen Kurznotiz habe ich mich darauf beschränkt, lediglich die Proportionen des lang gestreckten Baukörpers, die Fluchten des Weges und die Stellung des Kübels vorne links durch schnelles Proportionieren und Einfluchten zu erfassen.

Für den handwerklichen Ausdruck dieses Bildes ist mein – mit schwarzer Tinte gefüllter – Füllfederhalter verantwortlich. Wenn an diesem schönen Maienabend zu so später Stunde noch ein Protokoll von dieser von mir so geliebten klassizistisch-barocken Anlage entstehen sollte, dann hatte es aber auch in aller Kürze der Zeit zu geschehen. Denn der Park wurde damals, so meine ich mich erinnern zu können, zu diesem Zeitpunkt schon geschlossen – doch der Zaun war nicht sehr hoch. Dieser wunderschöne Garten ist seit meinem Studienortwechsel nach Berlin ein immer wieder aufgesuchter Ort gewesen, und zwar zu allen Zeiten des Jahres. Es knüpfen sich viele Erinnerungen daran. Mit meinen Studienfreunden bin ich hier herumgestrolcht. Öfter aber habe ich hier einsame Spaziergänge unternommen.

Abb. 52
Charlottenburger Schlosspark, Berlin
23.V.67 – ca. 20.00 Uhr

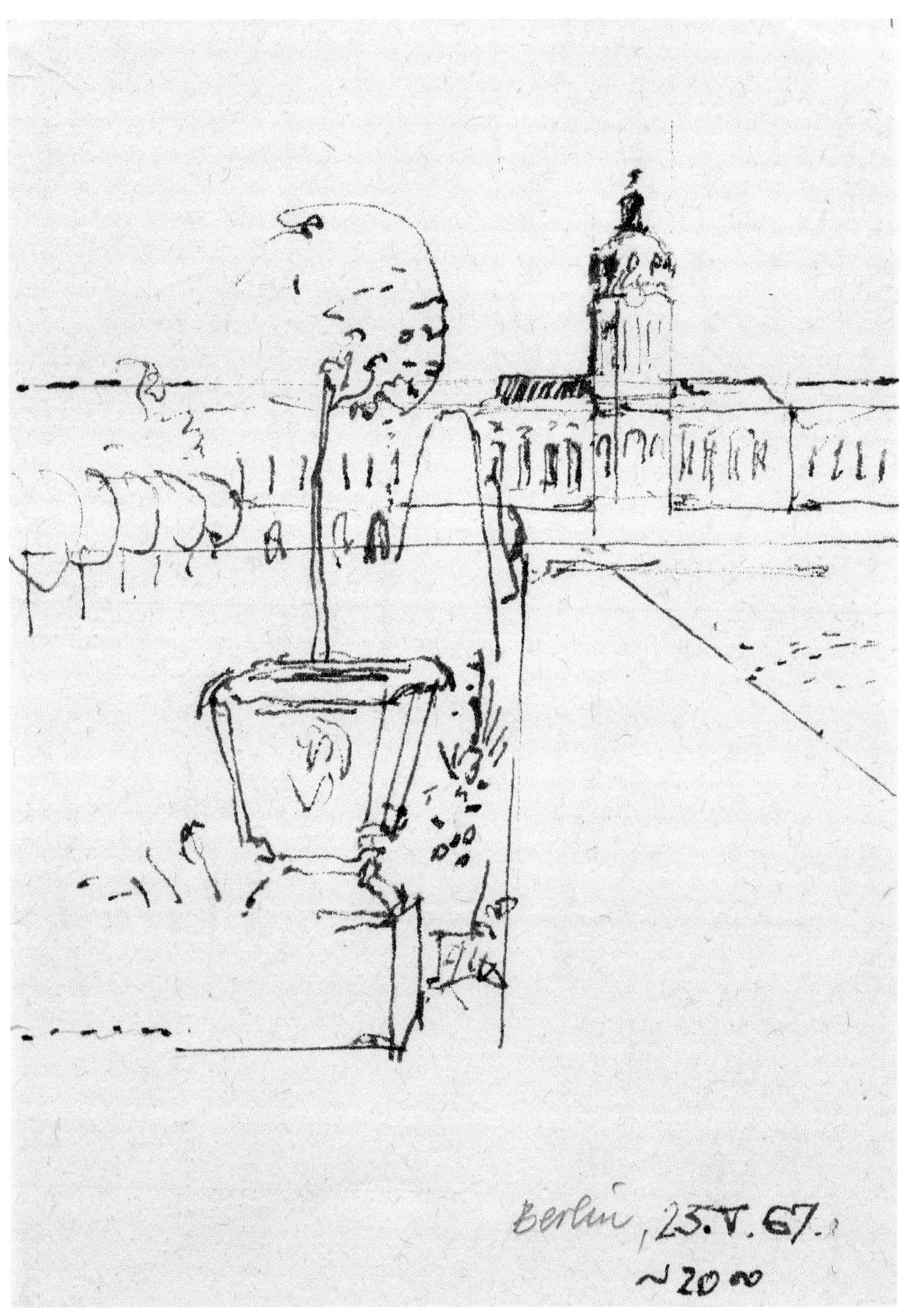
Berlin, 23.V.67.
~20⁰⁰

Ich denke, es ist auf der einen Seite auch die klare Ordnung des Barockgartens, welche mir bei Problemlösungen geholfen hat, meinen Gedanken eine klarere Richtung zu geben, und es war andererseits wiederum die sehr abwechslungsreiche Anordnung des Englischen Gartens im nördlicheren Teil der Gesamtanlage, die mir verschiedenste Impulse vermitteln konnte, auch was meine Entwurfsarbeiten anbelangte. Und eine Erfahrung habe ich an diesem Ort immer wieder von Neuem machen können: Beim Gehen ordnen sich die Gedanken fast wie von selbst. Auch das eine oder andere kurze Gedicht ist hier entstanden

Von Bedeutung sind natürlich die unterschiedlichen Formen der Gewässer. Die Teiche in ihrer oft dunklen und geheimnisvollen Tiefe, und die Spree als sich windender Fluss mit Abwechslungen verschiedenster Art.

Zielpunkt fast aller meiner Wege war das Belvedere, das sich zwischen den wunderschönen großen Bäumen auf einer Lichtung in das Blickfeld schiebt. Von der Eisernen Brücke aus hat man einen guten Blick auf das Schloss, und jeweils zu Beginn und am Ende meiner Spaziergänge fiel mein Blick immer wieder auf den vornehmen Schinkel-Pavillon.

Warum ich diese winzige Skizze der thematischen Untergruppierung „Der Reiz des Malerischen“ zugeordnet habe, liegt daran, dass beim Zeichnen mit der Feder ein besonders hohes Maß an Aufmerksamkeit verlangt wird. Denn die Striche sind nicht mehr korrigierbar und man muss die Skizze auf Anhieb hinbekommen oder bereit sein, immer wieder aufs Neue einen Versuch zu machen. Eine Tusche-Skizze ist auch daher eine besondere Herausforderung, weil man mit der schwarzen Linie haushalten muss, um trotz der Knappheit des Ausdrucksmittels das Atmosphärische einzufangen. Deshalb stellt es für den geübteren Zeichner immer wieder einen besonderen Anreiz dar, sich mit der Feder des Füllfederhalters an eine Darstellung zu machen.

Der Wunsch, sich zeichnerisch mit einer Gegebenheit auseinanderzusetzen, geht oft von einer irgendwie gearteten *Ergriffenheit* aus: Die besondere Beschaffenheit des Lichtes, der Sonneneinstrahlung und damit des Schattenwurfs können ausschlaggebend sein. Max Liebermann z.B. hat sich häufig von diesen Sinneseindrücken zu seinen

Pastellen und Ölbildern anregen lassen. Die Düfte von Flieder, Veilchen oder von den Blüten der Linden berühren uns zutiefst. Das Rauschen der Blätter in einer sommerlichen Brise, oder die verschiedenen Rufe der Vögel können uns dazu drängen, eine darstellerische Entsprechung darauf zu probieren. Das Verlangen, das sinnlich Wahrgenommene festzuhalten, es zu übertragen in die Form einer Sprache, das ist es oft, was uns veranlasst, den Versuch einer Antwort zu wagen.

Zusammen mit zwei Kommilitonen reiste ich im September 1967 von Berlin aus über Dresden nach Prag. Von den vielen aquarellierten Zeichnungen, Skizzen und zeichnerischen Momentaufnahmen habe ich ein Blatt ausgewählt, das, wie ich meine, etwas von dem eigenartigen Zauber dieser wundervollen Stadt zum Ausdruck bringt. (Abb. 53) Es ist der Blick von einer Terrasse aus – vermutlich in der Nähe des Waldstein Palastes gelegen – auf die St. Thomas-Kirche und weiter auf den Brückenturm der Karlsbrücke an der Kleinseite. Ich erinnere mich daran, dass wir alle drei von der Farbigkeit der Dächer sehr angetan waren, die sich uns im hellen Sonnenlicht in einer einheitlich malerischen Farbenpalette darboten. Wir sahen die „Dachlandschaft" einer sehr alten Stadt. Die Gebäude variieren in Größe und Stilzugehörigkeit, doch was sie alle – bis auf die Kirchen und Turmbauwerke – gemeinsam haben, ist ihre annähernd gleiche Traufenhöhe.

Etwas sehr Wesentliches aber, dass für mein Selbstverständnis von *Stadt* von herausragender Bedeutung – und seit den Tagen meiner Kindheit auch immer geblieben ist: Alle Häuser sind mit einem „richtigen Dach" nach oben hin abgeschlossen.

Zweifellos sind mir einige sehr gut proportionierte Gebäude mit Flachdachabschluss bekannt, welche in der Baukörpergruppierung mit gleichgesinnten Bauten ein gutes Ensemble bilden können. Im Besonderen als Ergänzung und Erweiterung zu historischen Bauten bietet sich fast immer ein in der Materialität kontrastierender Flachdachbau an, gewissermaßen als ein Gelenk zwischen Alt und Neu. In der Zeit, als ich als Angestellter in verschiedenen Büros gearbeitet habe, wurden einige Projekte auch mit flachen Dächern ausgeführt, doch für mich stand immer fest, dass die geneigte Ebene nach wie vor die genial einfachste Art und Weise ist, das Regenwasser dorthin zu leiten, wo es hingehört.

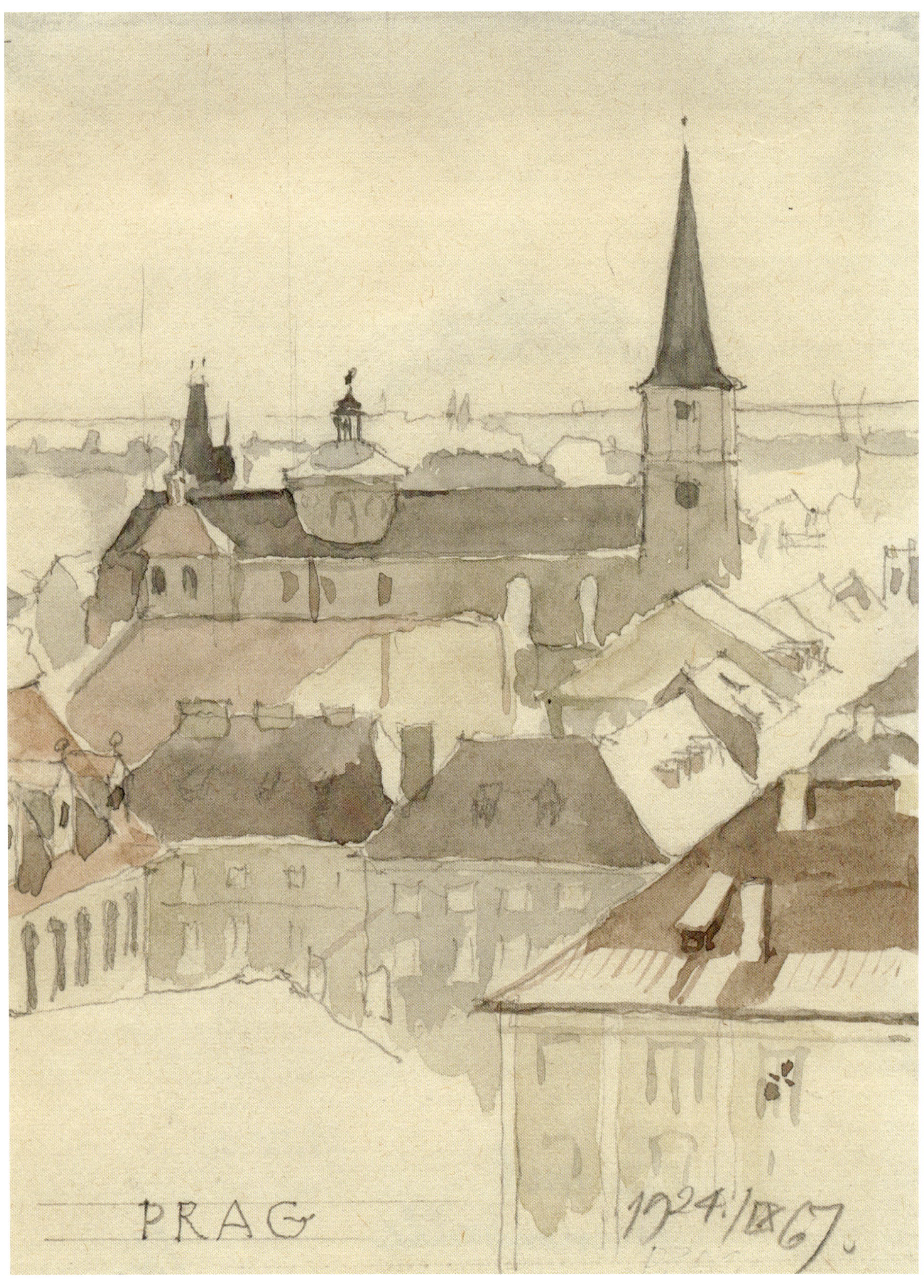
PRAG

Abb. 53
Blick auf die Thomas-Kirche, Prag
24.IX.67

Das, was einem beispielsweise von der Kuppel des Florentiner Domes aus als wunderbar einheitliches Stadtbild auffallen wird, ist die harmonische Einheitlichkeit der Dachabschlüsse in Form und Material. Bei der mediterranen Bauweise, beispielsweise auf den Kykladeninseln, stellt sich die Frage der Dachform grundsätzlich anders. Hier dient das Flachdach in den heißen Sommernächten als Freiluftterrasse und bei Regenfällen als Auffangbecken für das kostbare Nass.

Der Blick auf die Dächer einer Stadt kann uns so manches lehren über den Wert eines Gemeinwesens: *„Was mich bei den alten Häusern interessiert, das ist das Anlehnen an den Nachbarn mit der Schulter, wenn man so sagen darf. Das ist der allersinnfälligste Ausdruck der viel beredeten Gemeinschaft."* Das gab einst Heinz Wetzel seinen Studentinnen und Studenten mit auf den Weg, und beim Gang durch alte Städte, lässt sich dieser Gedanke gerade in unseren Tagen sehr gut nachvollziehen.

Romanik, Gotik, Renaissance, Barock, Klassizismus, Gründerzeit, Jugendstil, Expressionismus, Moderne, etc., alle diese Stilepochen sind hier in schönster Ausformung zu entdecken. Doch das, was diese Stadt so unvergessen macht, ist das Eingehen der Bauten auf den Flusslauf der Moldau, die Einbettung der Häuser, Straßen, Gassen und Plätze in das vorhandene bewegte Gelände und die Abstimmung der Bauten untereinander in Proportion, Maßstab, Material und Farbe.

Ich will nicht in den Ausruf des großartigen Karl Valentin einstimmen: *„Die Zukunft war früher auch besser."* Wir Bauschaffenden heute kümmern uns nicht engagiert genug um die gute Einfügung des Bauwerks in die nächste Nachbarschaft, das gute *Ensemble* findet immer noch zu wenig Beachtung. Der Baukörper als *Solitär* hingegen, als möglichst herausragende Einzelerscheinung und als Fassaden-*Event* scheint zur Vorliebe geworden zu sein.

Aber auch hier gilt es, das rechte Maß zu erkennen. Ein grauer Einheitsbrei von endlos in der Reihe stehenden Normenhäuschen ist nicht erstrebenswert und veranlasst die Bewohner eher dazu, sich ihre Eingänge nach eigenem Geschmack *zu verschönern*.

Das Erscheinungsbild alter Städte ist geprägt von „Einheit in der Vielfalt". Wenige Grundtypen erlaubten ein sehr großes Maß an Variation,

Abb. 54
Wasserschloss Dortmund-Dellwig
25.IV.92

und, was für die alte Bautradition etwas Selbstverständliches war: die dem Geländeverlauf auf das Beste angeglichene Führung der Gassen und Straßen und die äußerst sinnvolle Anlage von Plätzen im Stadtgefüge. Gebäude mit herausragender Bedeutung, oder Häuser wohlhabender Bürger wurden mit besonderen Treppenaufgängen, Säulenvorbauten, Erkern und mit traditionsreichen Schmuckformen versehen, wobei die relativ begrenzte Auswahl des Materials und demzufolge auch die Farbgebung der Gebäude weitgehend harmonisch aufeinander abgestimmt blieben.

Zur Kritik an der Architektur nach 1945 zitiere ich, nochmals Joachim Fest beipflichtend: *„Zu den Maximen der Nachkriegsarchitektur gehört die Auffassung, dass ein Bauwerk nicht betrügen dürfe. Mit diesem Argument rechtfertigte man die Nacktheit des Baustoffs, die dann zur Würde des Sichtbetons hoch geredet wurde. Doch offenbarte man damit weniger die Ehrlichkeit von Konstruktion und Material als die eigene Unkenntnis der Baugeschichte. Die Architektur war immer die Kunst des schönen Betrugs."* Die Bezeichnung *Betrug* will ich hier durchaus positiv verstanden wissen, ähnlich der guten Inszenierung eines Theaterstückes.

Der Aufbau auch dieser farbig angelegten Skizze (Abb. 53) folgt dem gleichen Schema, wie schon zuvor beschrieben: Zwei, drei bis vier markante vertikale Linien, oben am Blattrand markiert, bezeichnen die genaue Position der Bildtafel und damit auch des Betrachter-Standpunktes. Vermutlich ist es der Traufenpunkt ganz links an dem sehr langen Kirchendach gewesen, von dem aus ich auf den Traufenpunkt des mehrgeschossigen großen Wohnhauses rechts vorne geschlossen habe. Eine teilungsdiagonale Linie (eine Proportionierende) mittels meines Zeichenstiftes hat den Schnittpunkt auf die Zeichnung übertragen. Die im Sonnenlicht gelegenen Dachflächen habe ich, nicht ganz konsequent allerdings, papierweiß belassen, was für die Wirkung des Blattes von Vorteil gewesen ist. Im Übrigen ist es immer gefährlich, an einem Aquarell oder an einer Zeichnung zu lange „herumzumiezeln", denn allzu leicht wird die Sache dann „dröge" und der Betrachter findet keine Freude daran, selber in dem Bild „spazieren zu gehen".

Doch begleiten Sie mich in die 1990er Jahre: Das Ruhrgebiet ist in mancherlei Hinsicht voller Überraschungen, und so findet man bei-

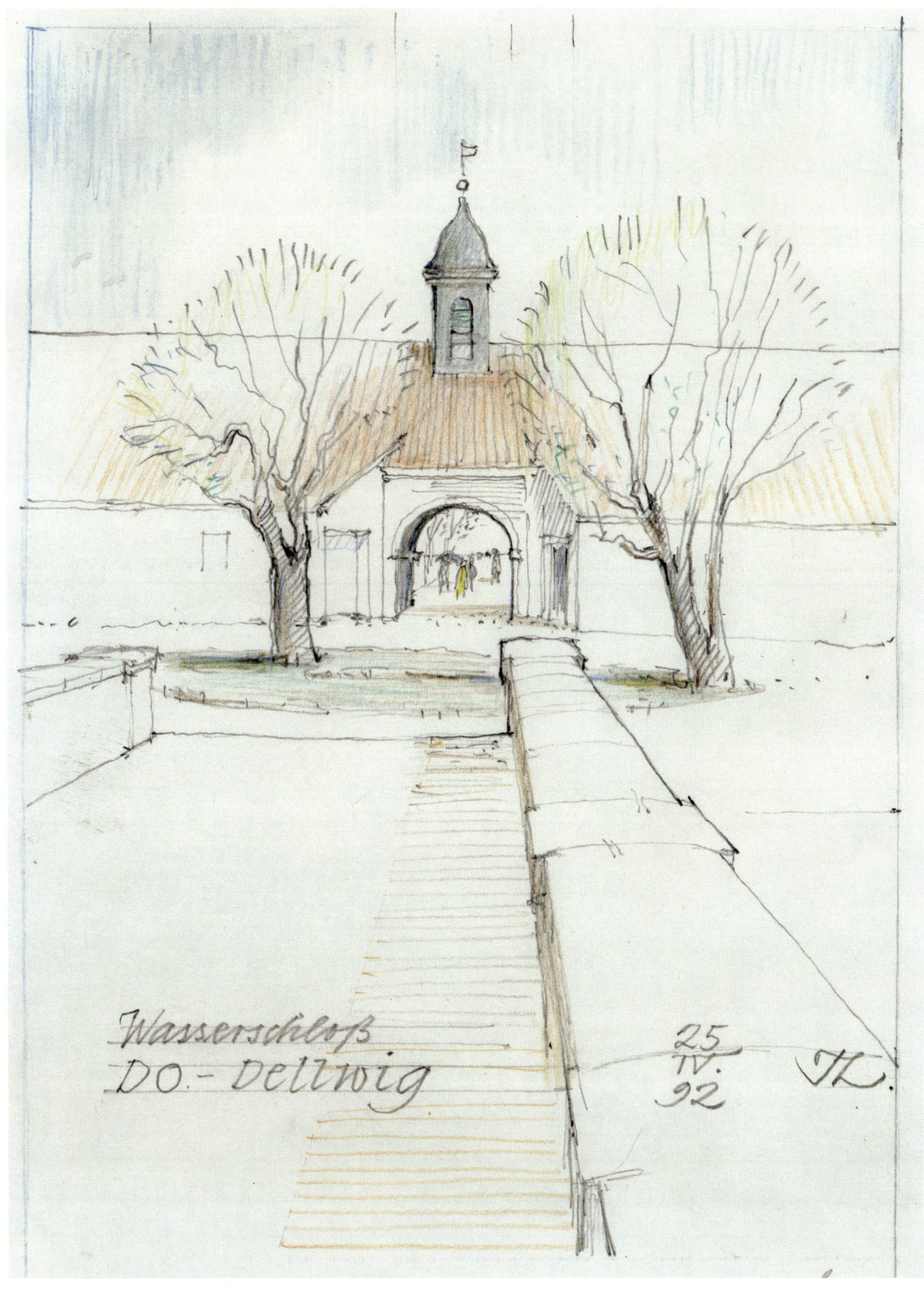
Wasserschloß
DO.-Dellwig
25
IV.
92
JL.

spielsweise in Dortmund-Lütgendortmund die Anlage des Wasserschlosses *Haus Dellwig*. (Abb. 54)

Ich habe diese Schnellskizze deshalb als Beispiel ausgewählt, weil ich zeigen möchte, wie es selbstverständlich gut möglich sein kann, einer kleinen Perspektive auch mit einfachen Buntstiften farbige Akzente zu geben.

Aufgrund des plötzlich einsetzenden ganz leichten Nieselregens stellte ich mich dicht am Torbogen des Hauptgebäudes auf, um doch noch diesen reizvollen Blick über die Brücke zu den Stallgebäuden skizzieren zu können. In diesem Falle habe ich die knappe Überarbeitung meines Blattes im Anschluss an unsere Entdeckungstour zu Hause mit wasservermalbaren Farbstiften bewerkstelligt.

Es ist nämlich eine der Erfahrungen, die man beim genauen zeichnerischen Nachvollziehen vor Ort macht, dass sich auch noch so kleine Einzelheiten – wie von selber – sehr gut einprägen, sodass auch viele Tage danach noch Details und scheinbare Nebensächlichkeiten in der Erinnerung auftauchen.

Zitieren möchte ich an dieser Stelle noch Frederick Franck, den Verfasser des Buches „The Zen of Seeing – Seeing/Drawing as meditation“, der folgende Worte für das, was ich immer wieder gerne mit dem Begriff *Hinwendung* ausdrücken möchte, gefunden hat: *„Um wirklich zu sehen, immer tiefer, immer intensiver, und somit bewusst und offen für alles zu werden, muss ich das zeichnen, was mich umgibt […] das Zeichen ist die Disziplin, durch die ich die Welt fortwährend neu entdecke. Dabei habe ich erfahren, dass ich etwas, was ich nicht zeichne, auch niemals wirklich wahrnehme. Und wenn ich dann einen alltäglichen Gegenstand zeichne, geht mir auf, wie außergewöhnlich er ist – ein wahres Wunder“.*

Zeichnen nötigt zur Aufmerksamkeit,
und sie ist doch die höchste
aller Fertigkeiten.

Johann Wolfgang von Goethe

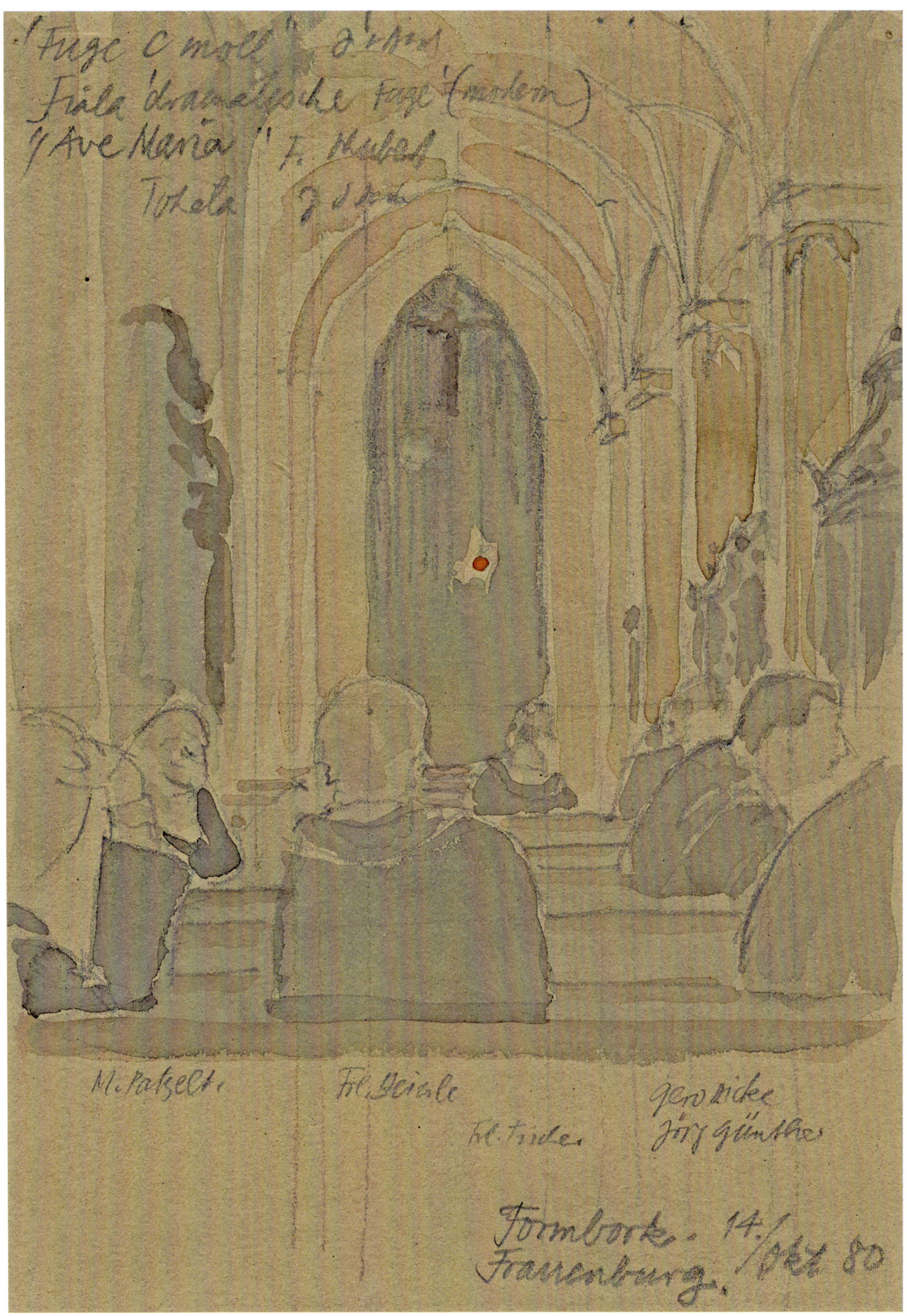
Fuge c moll
Ave Maria
M. Patzelt
Jörg Günther
Formbork. 14./
Frauenburg. Okt 80

Sakraler Innenraum
Anregung durch Musik

Abb. 55
Frombork/Frauenburg
14. Okt. 80

Die Studienfahrt mit einer Gruppe von Studentinnen und Studenten der ehemaligen Fachhochschule Hagen im Oktober 1980 nach Gdánsk/Danzig war die erste der dann folgenden zwanzig großen Exkursionen. Und sie wurde ein in vielerlei Hinsicht erinnerungswürdiges Ereignis. Den Anstoß dazu bekam ich von einem Studenten. Ein Ziel schwebte mir schon vor Augen: Ostpreußen, Kurische Nehrung, Elbing, Danzig, das lockte mich sehr. Die Studentenschar war gleich einverstanden, denn einige von ihnen konnten ihre Abstammung von dorther erinnern. Die Sache versprach abenteuerlich zu werden, und das sollte sich auch im positiven Sinn bewahrheiten.

Am vierten Tag unseres Aufenthaltes in Danzig brachte uns der Bus über die Marienburg, über Elbing und am Frischen Haff entlang bis nach Frauenburg. Das Wetter war grau und regnerisch, sodass uns die wunderschöne Aussicht über das Haff bis zur Nehrung hin auf dem Wege nach Frombork eigentlich nur über das Bordmikrofon vermittelt werden konnte.

Bäume und Mauern, der Turm und der mächtige Baukörper der Kathedrale drängen sich in der beginnenden Dämmerung zu schemenhafter Größe. Einige Minuten stehen wir im großen Innenhof und warten darauf, dass uns die Kirche aufgeschlossen wird. Der Regen, welcher unaufhörlich fällt, gibt diesem stillen Geviert eine akustisch eigenartige Wirkung. Der alte Pater, der uns öffnet, erzählt in melodiöser baltischer Mundart über den Ort und seinen berühmten ehemaligen Bewohner – Kopernikus.

Dann nehmen wir alle Platz, um der berühmten Orgel zu lauschen. Die von hoch oben aus den Gewölben scheinenden grellen Lampen werden gelöscht, und es ist fortan fast nur noch das Licht am Spieltisch, das den großen Raum erhellt.

Ich denke darüber nach, wie wichtig gerade die Begrenzung der Mittel sein kann, denn in dieser Beleuchtung kommt der gewaltige Kirchenraum erst richtig zu sich selbst. Das rote Lämpchen, ganz allein weit vorne im Chorraum wirkt wie ein hypnotischer Punkt und die Orgel lässt uns vergessen, dass es fußkalt ist, dass noch eine lange Busfahrt auf uns wartet, ja, dass Kirche und derartige Musik für manchen von uns normalerweise kaum Bedeutung haben.

Das Hauptwerk dröhnt, und von ferne klingt das Chorwerk als eine Antwort vielleicht auf ganz vergessene Fragen. „Soli Deo Gloria“ – weit, weit über Stunden, Tage, Geschwätz und Zeitgeschehen hinweg. Der „Königin der Instrumente“ haben wir gelauscht, und für mich hat sich dieses Erlebnis wohl deshalb so tief in mein Erinnern eingesenkt, weil ich fast automatisch das alte Verlangen verspürte, diese Situation mit Zeichenstift und Pinsel festhalten zu wollen. (Abb. 55)

Es entstand eine rasche und eher grobe Vorzeichnung auf einem sepiafarbenen Papier, um die Dunkelheit des Raumes nicht auf einem weißen Blatt durch mehrfaches Überpinseln mit bräunlichen Lasuren erzeugen zu müssen. Die Gewölbekappen, die Pfeiler und Altäre und Teile der Wand sowie die Studiosi sind allerdings noch mit Farblasuren abgedunkelt worden.

Auch bei dieser Momentaufnahme ist es mir wichtig gewesen, die Größenverhältnisse und Proportionen des Raumes, die perspektivische Abfolge der Pfeiler und damit die Flucht der Kämpfergesimse, die Figur der Gewölbekappen und die Position der in den Bankreihen sitzenden Studentinnen und Studenten – meiner Beobachtung entsprechend – auf das Blatt zu bringen.

Eine Erfahrung habe ich im Laufe meiner Lebensjahre wiederholt und immer deutlicher machen können: Ein sakraler Raum gewinnt erst dann seine ihm gebührende Wirkung und eigentliche Qualität, wenn in ihm Musik erklingt. Es genügt dafür bereits der Gesang eines Menschen, ja schon das melodische Summen einer einzelnen Stimme verwandelt das, was mit Kubikmeter umbauten Raumes niemals erschöpfend beschrieben werden kann, in ein erlebbares *Volumen*. Ein kirchlicher Innenraum bleibt solange nur „Museum“, bestenfalls staunenswerte Umhüllung, wie der Mensch als kunstgeschichtlich neugieriger Eindringling sich ihm nähert, sich informieren lässt und danach wieder geht. So, wie ein Haus anfängt zu knarren und allmählich dahinstirbt, wenn kein Mensch mehr darin wohnt, so wird auch ein Kirchenraum erst dann zum Leben erweckt, wenn in ihm das Lob Gottes erklingt.

Seit dem Jahre 1990 fanden während des Sommersemesters jeweils über ein verlängertes Wochenende Studienaufenthalte in der alten Hanse-Stadt Soest statt. Es galt, handwerklich vorbildhaftes Baudetail zeichnerisch zu erfassen und baugeschichtliche Anschauung vor dem Objekt zu gewinnen; gewissermaßen Baugeschichte zum Anfassen zu erleben. Neben zwei Villenbauten von Bruno Paul waren es das Romanische Haus und einige der Kirchen, deren unterschiedliches Innenleben – konstruktiv, klanglich, kunstgeschichtlich und entwurfsspezifisch vorgestellt wurden.

Einen dieser sehenswerten Kirchenräume sehen wir hier in einer aquarellierten Bleistiftzeichnung: Die Hallenkirche, Alt St. Thomae (Abb. 56). Der Kirchenraum wird nur während der Sommermonate für Gottesdienste genutzt. In der kalten Jahreszeit trifft sich die Reformierte Kirchengemeinde Soest hier in einem erdgeschossig unter dem schiefen Turm, am westlichen Haupteingang gelegenen, und zu den übrigen Kirchenschiffen durch Glaswände abgeschlossenen Raum. Für die Besucherströme ist dieser äußerst schlichte, in seiner Farbigkeit sehr reduzierte Kircheninnenraum nicht zugänglich. Er wird nur hin und wieder wegen seiner guten Akustik für Kammerkonzerte geöffnet. Jahrzehntelang waren nur der unter dem Turm befindliche Gottesdienstraum und der kleine Altarbereich gepflastert, während die drei Kirchenschiffe Sandfußboden hatten. Ein in seiner derartig unfertigen Ausstattung sehr karg wirkender leerer Raum, der aber gerade deshalb eine zentrale Botschaft zum Ausdruck bringen konnte: *„Denn ‚wir haben hier keine bleibende Stadt, sondern die zukünftige suchen wir“*. (Hebr.13,14)

Der Sand und die Musikinstrumente vertrugen sich auf Dauer nicht gut und so sollte doch eine Pflasterung her. Der Pastor schilderte mir das Ansinnen. Als Voraussetzung für diese Maßnahme hatte ich einen unserer damalige Studenten, der in Soest seine praktische Tätigkeit absolviert hatte, dafür gewinnen können, ein Aufmaß anzufertigen, und seit dem Jahre 1996 gibt es nun einen ordentlichen Fußboden im Kircheninneren. Vielleicht ist das auch einer der Gründe dafür, dass mir dieser Innenraum ans Herz gewachsen ist, und bei jedem unserer Aufenthalte sind wir auf unserem ersten Erkundungsrundgang durch die Stadt hier eingekehrt. Die Weiträumigkeit und einladende Schlichtheit dieser dreischiffigen Anlage hat immer wieder mindestens einen aus unserer studentischen Besucherschar dazu

Abb. 56
Soest, Alt St.Thomae
17.VI.95

veranlasst, sich tanzend darin zu bewegen oder stimmlich etwas darzubieten. Auf dieser Darstellung habe ich mich selber als Figur in das Mittelschiff gestellt, so, als ob ich eine Strophe aus einem Lied singen wollte. Zwischen der Betreuung der Studierenden beim Aufmessen und Zeichnen habe ich mir ausnahmsweise eine kleine Auszeit bewilligt, um diesen wundervoll lichten und heiteren Kirchenraum schnell zu skizzieren. Die gleichmäßige Abfolge der Gewölbejoche, die sich erst im Chorbereich in Kreuzrippengewölbe wandeln, geben der Blickrichtung nach Osten zu eine leichte Dominanz. Vom nördlichen Seitenschiff aus öffnet sich eine kleine Kapelle in gotischer Formensprache. Das südliche Seitenschiff, das hier auf diesem Blatt nicht erkennbar wird, hat während seiner Erweiterung in der Spätgotik eine wesentlich breitere Ausformung und größere Fenster erhalten, sodass die von Süden einfallende Lichtfülle dem gesamten Innenraum sehr zugute kommt.

Links im Bilde sieht man den dritten von insgesamt vier kräftigen kreuzförmigen Pfeilern, die das Mittelschiff vom nördlichen Seitenschiff trennen. Sein südliches Pendant wird gerade noch auf dem Zeichenblatt ganz rechts erkennbar. Als Rahmung und – ebenso wichtig für das optische Einmessen aller übrigen relevanten Architekturglieder – habe ich darauf geachtet, dass sowohl die beiden Sockelpunkte als auch die beiden Kämpferprofile dieser Pfeilerkanten gerade noch mit auf das Blatt passten. Durch ein vorausschauendes und prüfendes Anvisieren über die obere Kante des Zeichenblocks lässt sich vorab einschätzen, ob diese wichtigen Eckmarkierungen des Vordergrundes gerade noch Platz finden können.

Die Zuganker, welche als Eisenstäbe unterhalb der Gurtbögen, Wände und Pfeiler miteinander verbinden, tragen dazu bei, dass die relativ flach ausgeführten schweren Gewölbekappen bei einem eventuellen Ausweichen der Außenmauern nicht nach unten hin absacken können. Sie sind demzufolge eine konstruktive Notwendigkeit, und man hat oft schon zur Zeit der Erbauung solche und ähnliche Vorkehrungen getroffen. Für mein Empfinden haben sie auch nichts Störendes an sich, eher vermitteln sie in ihrer steten Wiederkehr ein gewisses Ordnungsprinzip, das die Geometrie des Raumes noch unterstützt. Ich selbst bin mit diesem Blatt ganz zufrieden. Vielleicht hat es mir und dem Innenraum ganz gut getan, dass ich mein Vorhaben mit einem bescheidenen Gesang einleitete.

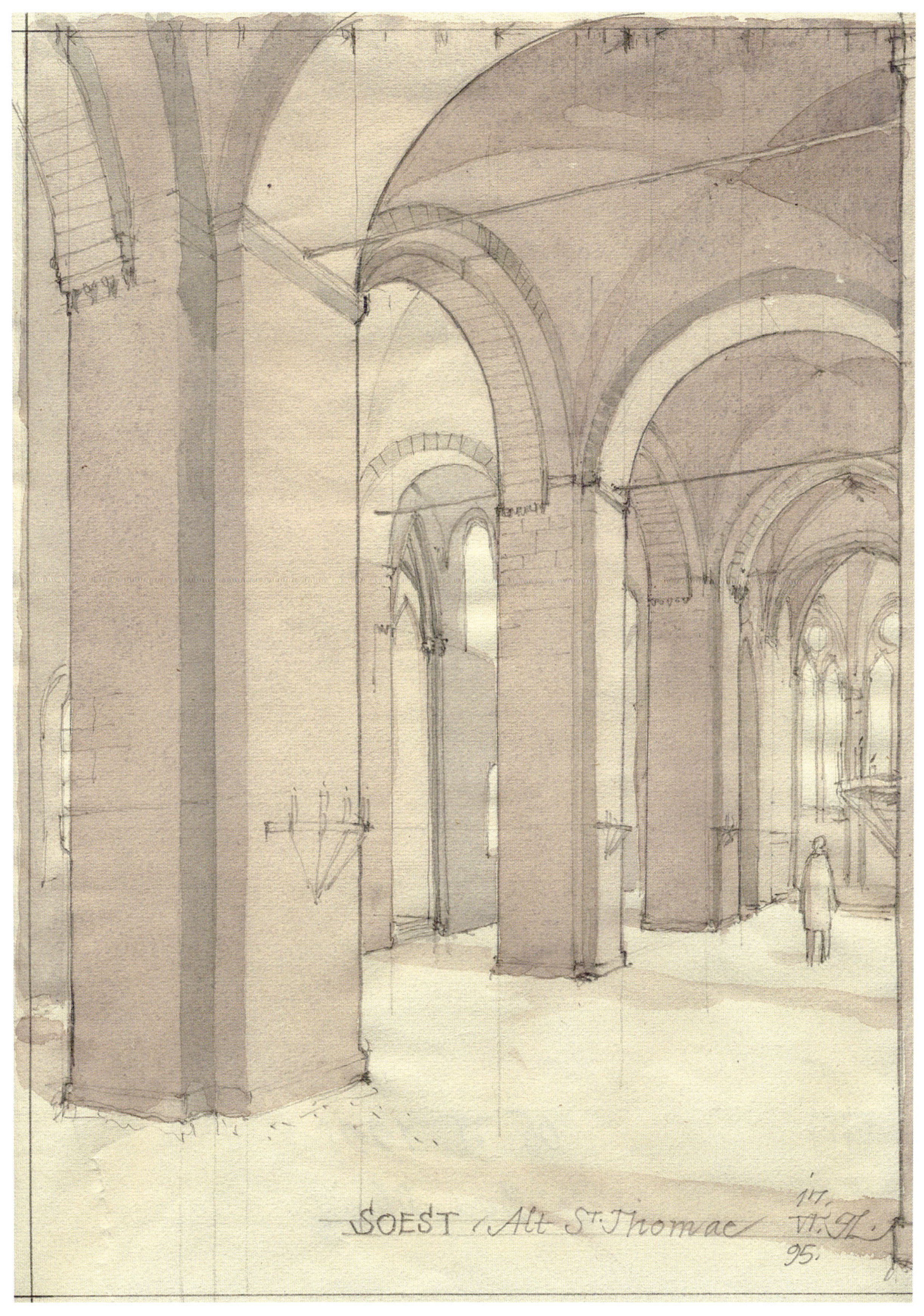
SOEST / Alt St. Thomae
17. VI. 95.

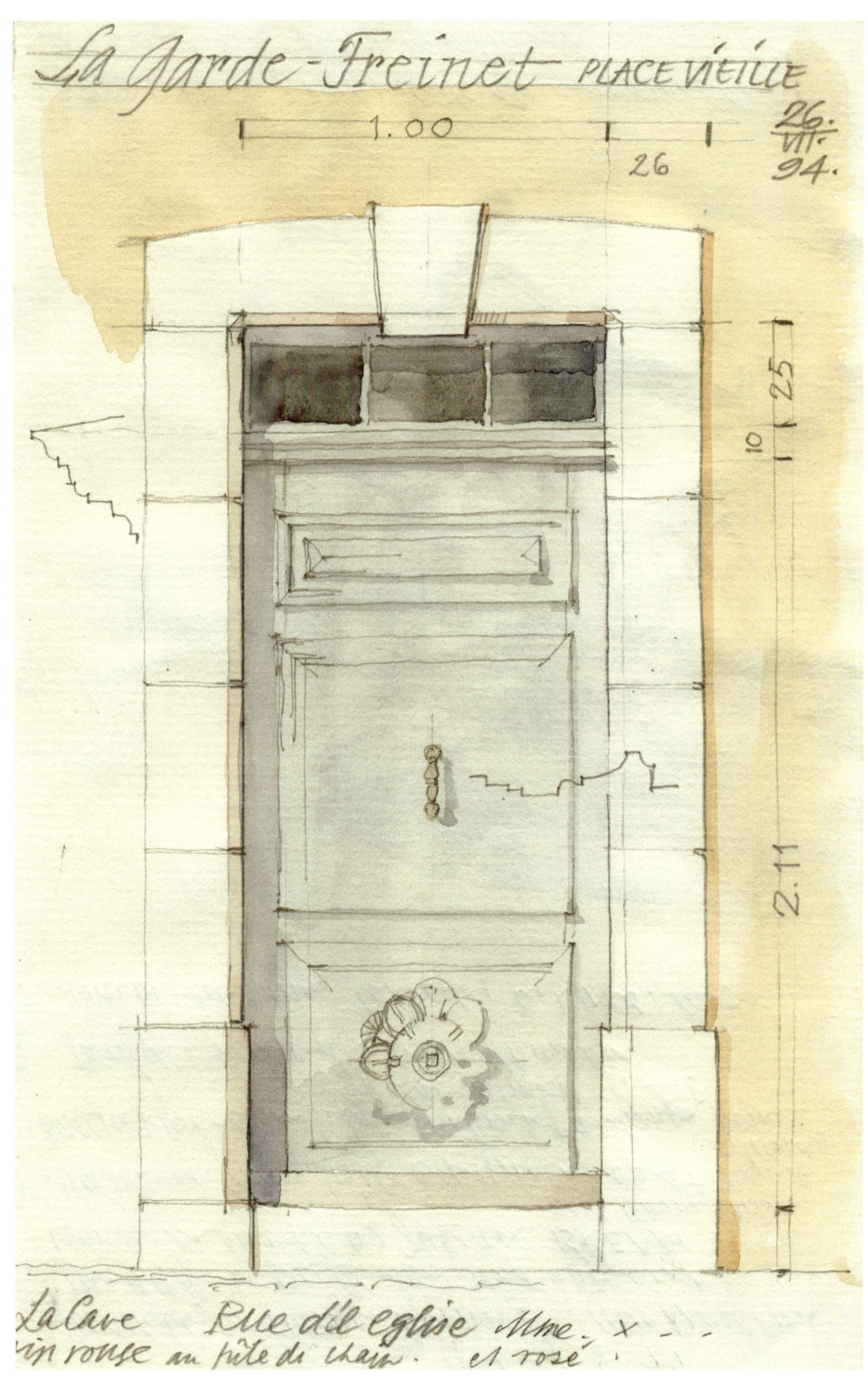
La Garde-Freinet PLACE VIEILLE
1.00
26
26.
VII.
94.
25
10
2.11
La Cave Rue de l'eglise Mme. x - -
vin rouge au pâte de chair. et rosé

Orthogonale Darstellung
Aufmaßzeichnung

Abb. 57
La Garde-Freinet, Place Vieille
26.VII.94

Auf Reisen geschieht es häufiger, dass uns die Fassade eines Gebäudes als besonders schön erscheint. Es kommt mitunter vor, dass wir ein Portal oder eine Tür am liebsten mit nach Hause mitgenommen hätten. Das wird sich aber nicht durchführen lassen und dann macht man das, was alle Welt tut: ein Foto. Zufrieden geht es weiter, denn das schöne Ding ist „im Kasten", wir nehmen es mit.

Ich möchte Ihnen raten, es etwas anders zu tun – und Sie werden schon wissen, wie meine Empfehlung lauten wird: Nehmen Sie Ihren Skizzenblock und einen Bleistift zur Hand, stellen Sie sich mittig vor das „Objekt Ihres Begehrens" und machen Sie sich daran, nach der Ihnen nun bekannten Methode die Tür so genau wie möglich auf die Zeichenfläche zu übertragen. Wenn es Ihnen gelingt, dieses so besondere Exemplar eines Hauseingangs auch mit den wichtigsten dazugehörigen Maßen aufzunehmen, dann wäre es durchaus möglich, dieses Portal nachzubauen. *„Man soll so zeichnen, dass man danach bauen kann"*, das war der Rat meines Vaters an seine Studenten an der Carolo Wilhelmina zu Braunschweig. Das Zeichnen, so lehrte es dieser engagierte Hochschullehrer, solle für den Architekten in erster Linie Mittel zum Zweck sein. Es geht nicht darum, „hübsche Bildchen zu malen", nein, der zeichnende Betrachter wird durch das sehr genaue Beobachten und Nachvollziehen dem gebauten handwerklichen Vorbilde seine Reverenz erweisen, und wird dadurch eine Fülle von Erfahrungen machen, die ihm keine Vorlesung oder Lektüre vermitteln könnte.

Abgesehen davon, eröffnet sich immer wieder die Möglichkeit, wie anfangs schon beschrieben, dass einem durch diese engagierte *Hinwendung* an ein Objekt die Bekanntschaft mit viel mehr, als nur dem Eingang des Hauses geboten werden kann.

Im Massif des Maures, westlich von Ste. Maxime liegt der kleine Ort La Garde-Freinet. Trotz der glutvollen Mittagshitze konnte ich mir nicht verkneifen, diesen würdevollen Hauseingang zu zeichnen. Es musste schnell gehen, und das ist, so eigenartig das klingen mag, ein ziemlich guter Garant dafür, dass ein Bild Authentizität und Frische behält.

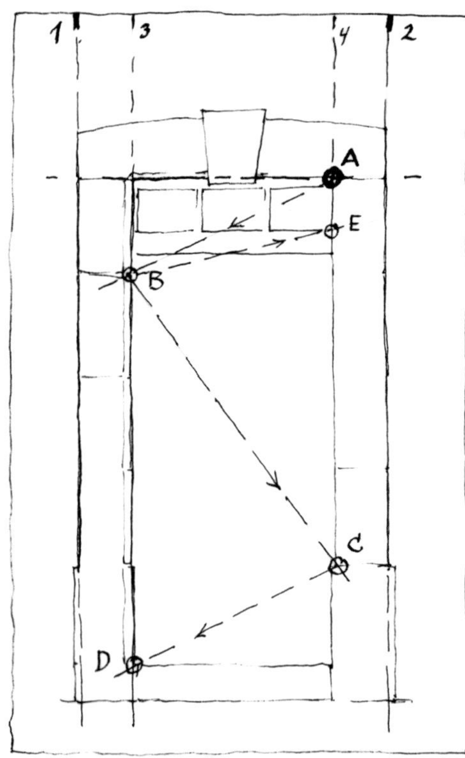

Abb. 58
Zeichnung Türaufmaß

Deshalb – und ich hätte diesen Hinweis schon viel eher geben sollen – ist es fast immer angeraten, im *Stehen* zu skizzieren.

Erstens ist der Betrachterabstand über dem Boden (die Aughöhe oder Horizont) somit größer und man gewinnt auf diese Weise mehr Aufsicht. Zweitens signalisieren Füße und Rücken beizeiten, dass man „zu Potte kommen" soll. Das bedeutet, nur das Wesentliche darzustellen, und den Verstand zu gebrauchen, um sich im Klaren zu sein, was man weglassen kann; denn *„Zeichnen heißt weglassen!"* Mein Deutschlehrer hätte – nach Angelus Silesius – noch dazu bemerkt: *„Mensch, werde wesentlich."*

Ein kurzer Hinweis auf die Vorgehensweise dieses freihändigen zeichnerischen Aufmaßes vor Ort: Sie stehen mit einem geringen Abstand vor dem Portal, halten Ihren Skizzenblock so in die Blickrichtung, dass Sie über den oberen Rand der Zeichenfläche den oberen Teil der Tür noch gut erblicken können. Die Feinabstimmung für die Wahl des Ausschnittes geschieht dadurch, dass Sie den Block etwas näher an Ihr Auge heranbewegen oder ihn ein wenig weiter entfernt von Ihren Augen halten. Sobald Sie sich entschieden haben, behalten Sie diese Position und den Skizzenblock in Ihrem Sehkegel für den Augenblick des Anvisierens bei *und* notieren Sie die Breite des Türgewändes, indem Sie zwei kurze kräftigere Markierungen ganz oben an der Blattkante anbringen. Ziehen Sie von diesen Markierungen je eine blattkantenparallele Linie auf das Papier, und wählen Sie als oberen Abschluss, rechtwinklig dazu ebenfalls eine kantenparallele Gerade. Wieder ist ein umgekehrtes *U* die Ausgangslage für eine sehr genaue Zeichnung. Selbstverständlich kann man die Skizze auch von unten her aufbauen, sodass es sich dann um ein richtiges *U* handelt.

Die nun beginnende Proportionierung der ganzen Tür kann im Ganzen erfolgen. Es ist aber genauso gut möglich, das Anvisieren mit dem Zeichenstift Stück für Stück zu bewerkstelligen, um beispielsweise die einzelnen Fugen der Steine im Gewände auf das Blatt zu bekommen. (Abb. 57 und 58)

Ich benutze gerne beide Vorgehensweisen, denn dadurch verschaffe ich mir die Kontrolle, ob ich richtig gesehen und übertragen habe. Sollte der obere Abschluss eines Portals einen Halbkreis oder eine

Segmentbogenform ausmachen, so besorgen Sie sich zunächst den mittig gelegenen und höchsten Punkt der Bogenform, und das geschieht so: Versuchen Sie die zwischen den beiden begrenzenden geraden Linien, die die Weite des Portals ausmachen, die Mittellinie zu finden, und ziehen Sie diese Mittelachse als feine dünne Gerade auf das Blatt nach oben. Dann peilen Sie mittels Zeichenstift den höchsten Punkt des Bogens an, indem Sie eine der Kanten des Stiftes mit einem schon vorhandenen markanten Punkte des Türgewändes zur Deckung bringen. Ihre Bleistifthand so festhalten, den Skizzenblock in Ihre Blickrichtung führen und auf der dünnen Mittellinie den entsprechenden Scheitelpunkt notieren.

Die Bogenform zu zeichnen gelingt immer dann am besten, wenn man zunächst versucht, diese kurvige Linie einige Male ganz leicht über das Papier hinweggleitend, fast ohne das Blatt zu berühren, auszuprobieren, um dann allmählich den Bogen herauszubekommen.

Wenn das Objekt für eine zeichnerische Darstellung die einfache Größe einer Tür oder eines Portals übersteigt, wenn es sich dabei um die Fassadengestalt eines viergeschossigen großen Gebäudes, oder wie hier im Bildbeispiel (Abb. 59), um den Mittelrisalit mit Turmaufsatz eines alten Schlosses handelt, dann verkürzen sich die Höhenmaße nach oben zu um ein Beträchtliches. Aus der rein orthogonalen Zeichnung wird dann eine perspektivische Darstellung des Gesehenen.

Das hier aufgeführte Beispiel einer zeichnerischen Aufnahme des großen Blankenburger Schlosses im schönen Ostharz ist eine mit Paynesgrau angelegte Skizze meines Vaters. Die Position des Zeichners ist genau auszumachen, nämlich als der Blick aus einem Fenster im ersten Obergeschoss des Kirchenflügels schräg gegenüber, das der rechten der drei Fensterachsen gegenüberliegt.

Dass es sich um eine perspektivische Sicht dieses genannten Bauteils handelt, erkennt man an der Untersicht der achtseitigen Laterne, – ein sehr wirkungsvoll mit Eigenschatten dunkel veranschaulichter Blick in die Glockenstube – und am Verlauf der Hauptgesimse des turmartigen Aufbaus.

Die Zeichnung ist unfertig, aber trotzdem ist das Wesentliche, ist die hohe Qualität dieser Schlossanlage deutlich zu erkennen. Sehr gut

Abb. 59
J. D. Thulesius sen.
Blankenburg, Schloss
03.06.1945

gelungen ist der Schattenwurf im Segmentbogenfeld und besonders der Schlagschatten in den halbrunden Nischen, vor dem sich die Statuen so wirkungsvoll abheben.

Ich habe diese zart getönte Skizze ausgewählt, weil sie einen besonders großen Reiz auf den Betrachter ausübt, einfach deswegen, weil man als Rezipient deutlich angeregt wird, auf Entdeckungsreise zu gehen.

Aus der großartig verfassten „Kulturgeschichte der Neuzeit" von Egon Friedell zitiere ich etwas, das durchaus auf diese zart farbig angelegte Skizze zutrifft: *„Das Unzulängliche ist produktiv" lautet einer der tiefsten Aussprüche Goethes. Alles Ganze, Vollendete ist eben vollendet, fertig und daher abgetan, gewesen; das Halbe ist entwicklungsfähig, fortschreitend, immer auf der Suche nach seinem Komplement. Vollkommenheit ist steril."*

Das Schloss Blankenburg ist für mich auch als Ort der Evakuierung ein wichtiger Teil meines Lebens gewesen. Als meine Familie im Juni 1945 mit viel Glück von dort vor der anrückenden Roten Armee wieder zurück in meine Heimatstadt Braunschweig fliehen konnte, war ich gerade sechseinhalb Jahre alt.

Das freihändige orthogonale Aufmaß einer baulichen Gegebenheit, wie beispielsweise einer Tür, wie wir es am Beispiel des Eingangs in dem ostprovenzalischen Ort La Garde-Freinet kennengelernt haben, erweist sich als außerordentlich genau. Denn unsere Augen sind Instrumente höchster Präzision. Wenn also Augen und Hände durch ein wenig Übung daran gewöhnt sind, derartige zeichnerische „Aufnahmen" anzufertigen, ließe sich tatsächlich, auf Grund solch einer Zeichnung, ein Nachbau zuwege bringen. Das heißt: Die hier vorgestellte freihändig zeichnerische Aufnahme eines Objekts ist als maßstabsgetreu zu bezeichnen. Ein konstruiertes, vollkommen maßstabsgerechtes Aufmaß vor Ort ist sehr viel zeitaufwendiger, und man benötigt dazu eine Unzahl von Einzelmaßen. Außerdem ist es dringend erforderlich, das Einverständnis der Hauseigentümer einzuholen, was mitunter an sprachlichen Unzulänglichkeiten scheitern könnte. (Abb. 61)

Schon während meiner Studienzeit habe ich einmal die Probe aufs Exempel gemacht, um die beiden Vorgehensweisen miteinander zu vergleichen. Von ein und demselben Objekt – es war ein kleines Portal

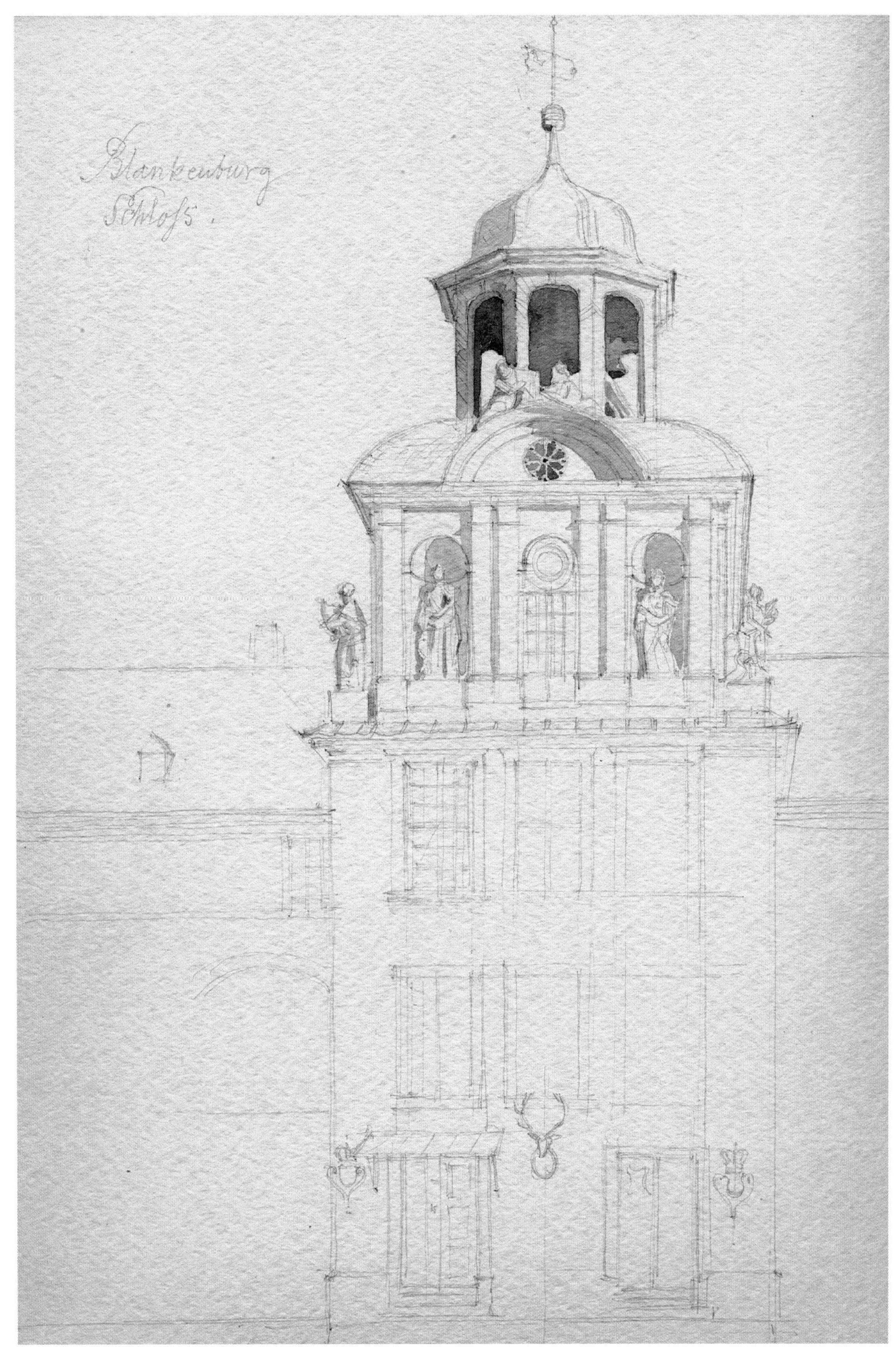
Blankenburg
Schloss.

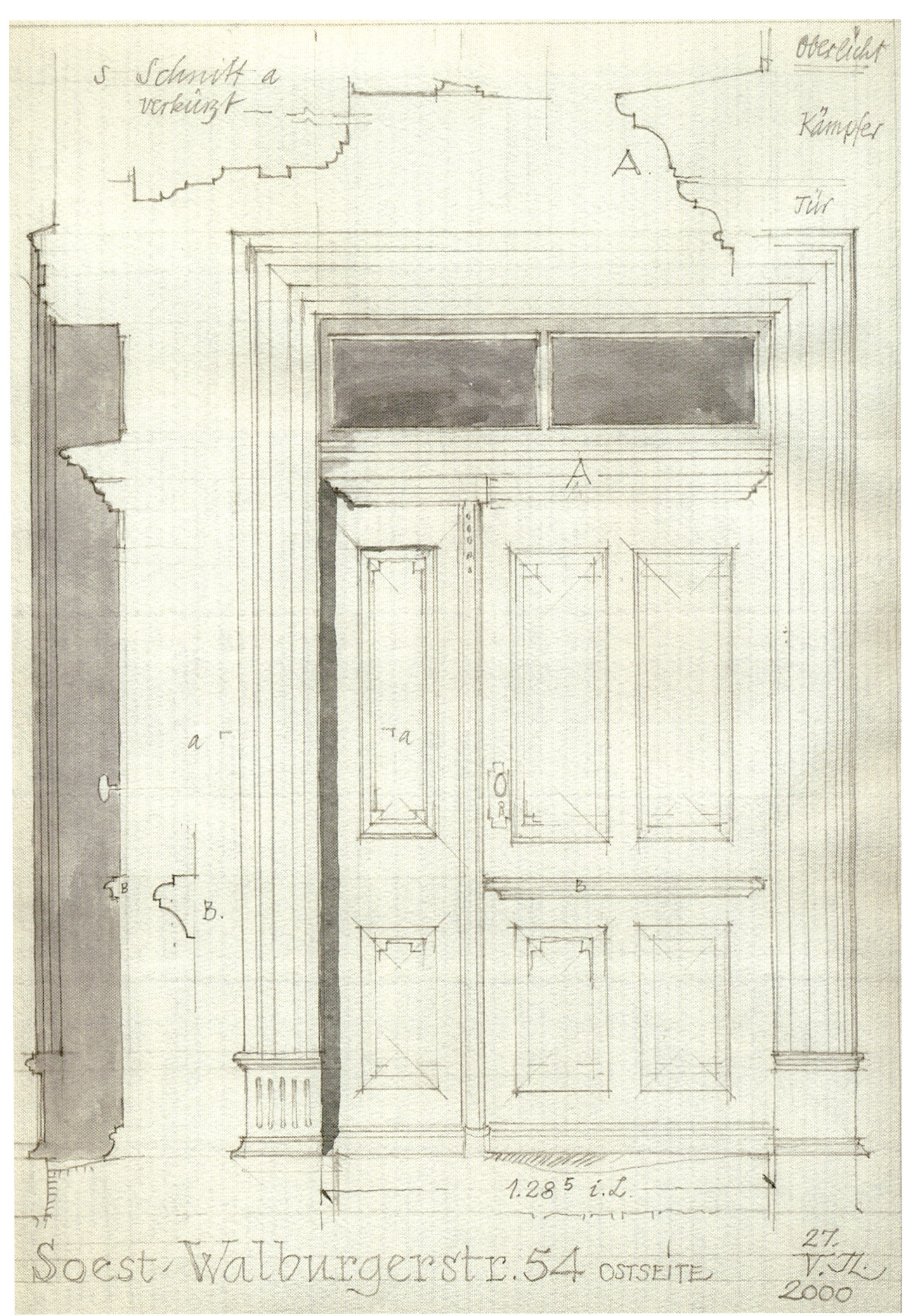

s. Schnitt a
verkürzt
A.
Oberlicht
Kämpfer
Tür
A
a
a
B
B.
B
1.28⁵ i.L.
Soest Walburgerstr. 54 OSTSEITE
27. V. 2000

Abb. 60
Soest, Walburgerstr. 54, Ostseite
27.V.2000

an einer Kapelle – habe ich damals einen zeichnerisch-visuellen Aufriss – wie hier beschrieben –, und danach ein herkömmliches Aufmaß mit Zollstock, Schiene und Winkel auf dem Reißbrett angefertigt. Anschließend habe ich beide Bau-Aufnahmen miteinander verglichen und siehe da, die Ergebnisse waren identisch.

Es genügt, für derartige Momentaufnahmen einer freihändig-zeichnerischen und orthogonalen Skizze vor Ort, nur ein oder höchstens zwei Maße mit auf das Blatt zu bringen, um auch damit so viel Diskretion und Zurückhaltung wie möglich bei der Bekanntschaft mit dem fremden Objekt an den Tag zu legen.

Wenn zum Beispiel die lichte Weite der Türöffnung 130 Zentimeter beträgt, so lässt sich viel später am Kaffeehaus-Tisch oder zu Hause der entsprechende – wenn auch recht „krumme“ – Maßstab leicht ermitteln.

Einen Zentimeterlineal (Maßstab) wird man dabei haben müssen. Man braucht nur das Lineal solange schräg zwischen die beiden Innenkanten des Türgewändes auf der eigenen Skizze hineinzudrehen, bis der Abstand von dreizehn Einheiten, direkt 13 cm oder ein Vielfaches davon, erreicht sind.

Wenn man nun senkrecht zur Bodenlinie von jeder dieser einzelnen Maßeinheiten des schräg angeordneten Lineals das Lot auf die Bodenlinie fällt, ergibt sich daraus der für diese Zeichnung eigene sicherlich etwas „krumme“, neue Maßstab. (Abb. 62)

Die Abfolge der „Anregungen und Beispiele“ mit einer Aufmaßzeichnung zu beenden, das verträgt sich nicht so ganz mit meiner Absicht, dem Leser das perspektivisch-zeichnerische Nachvollziehen der ihn umgebenden Umwelt nahezubringen. Dagegen an einem Tisch in freier Natur Platz zu nehmen, um sich eine wohlverdiente schöpferische Pause zu gönnen, das ist es viel eher, was ich mir mit einem abschließenden Betrachten dieses zeichnerischen Lehrganges vorzustellen vermag.

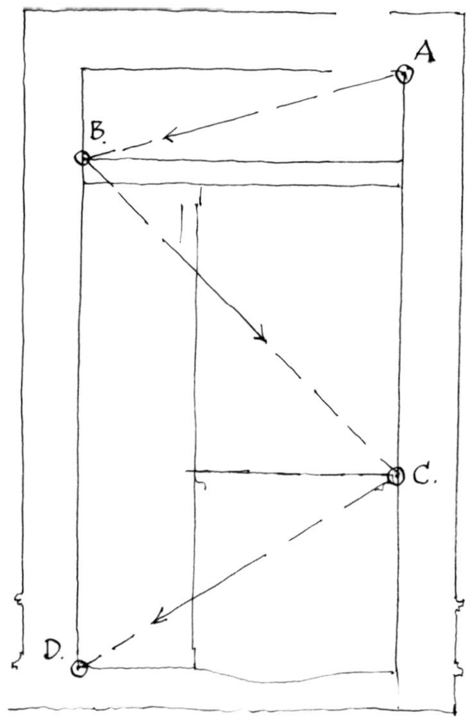

Abb. 61
Vorgehensweise

Gut einige Höhenmeter oberhalb von Schenna in Südtirol liegt der alte Brunjaunhof, wo dem Wanderer auch an heißen Sommertagen ein willkommen schattiger Platz mit wundervoller Aussicht in das

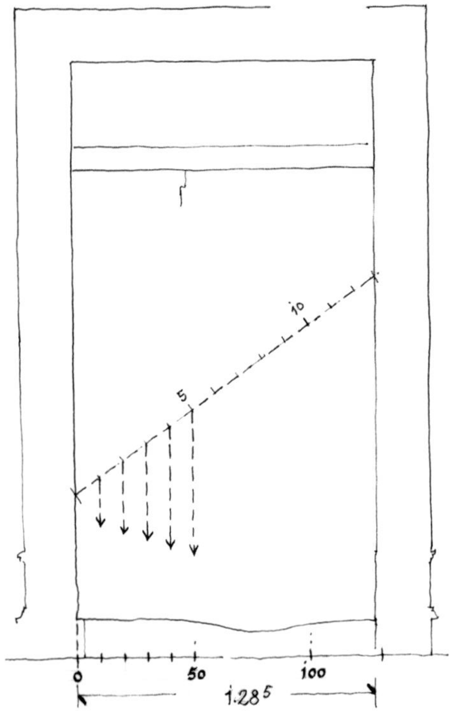

Abb. 62
Auffinden des Maßstabs

Etschtal geboten wird. Immer wieder haben meine Frau und ich diesen Ort aufgesucht, um etwa am späten Nachmittag noch einen halben Liter des hausgemachten Apfelweines zu genießen. Die beiden großen Walnussbäume und eine altehrwürdige Esskastanie geben Schatten. Allein der Brunnen am Hause und einige zutrauliche Buchfinken bringen etwas „Musik" in die Stille. Warum nicht eine kleine Skizze anfertigen, denn solch eine „Ewigkeitsminute" verdient es doch, eingefangen zu werden. (Abb. 63)

Als schon etwas geübte Beobachter werden wir versuchen, uns einen Platz zu suchen, von dem aus sich ein optimaler Blick über die Gesamtsituation ergeben kann. Die vor uns liegende alte Scheune ist sehr willkommen für den Bildmittelgrund, der eine wirkungsvolle Erweiterung findet in der von einem Staket umgebenden Terrasse rechts im Blickfeld. Es sind die drei vertikalen Gebäudekanten, die zuerst festgelegt werden müssen, damit der Standort und die Lage unserer Bildtafel eindeutig definiert werden. (Abb. 64) Als Anfangspunkt der zeichnerischen Darstellung bietet sich die Überschneidung von Traufe und linker Gebäudekante an (Punkt *A*), dort, wo das schöne Weinlaub einen schattigen Umgang für die Wandersleute bereithält. Die beiden Baumstämme sollten ebenfalls oben an der Blattkante eine Markierung finden.

Wenn von da aus die blattkantenparallelen Linien ganz dünn gezogen worden sind, werden uns die diagonalen Hilfslinien – von Punkt *A* aus anvisiert – die beiden Fußpunkte der Baumstämme genau ansagen können. Ebenso wird eine Teilungsdiagonale Linie von *A* aus den Fußpunkt unserer Karaffe – mit dem köstlich erfrischenden Inhalt – auf der Mittelachse derselben anzeigen können – Punkt *C*. Auf diese Weise gelingt es uns, den Bildaufbau allmählich zu vervollständigen.

Etwas, das ich unbedingt noch einmal wiederholen will, weil es für diese Art der zeichnerischen Momentaufnahme so überaus wichtig ist, ist Folgendes: Seien Sie äußerst kritisch und beauftragen Sie sich – hellwach und konzentriert – ständig wieder selbst damit, alles „Entbehrliche" wegzulassen, um dann so zielstrebig wie nur möglich zum Wesentlichen vorzudringen.

Abb. 63
Brunjaunwirt, Südtirol
25.VI.2010

Andeutungen sind in den meisten Fällen völlig ausreichend, um das Charakteristische zu erfassen. Beim Zeichnen eines Baumes bei-

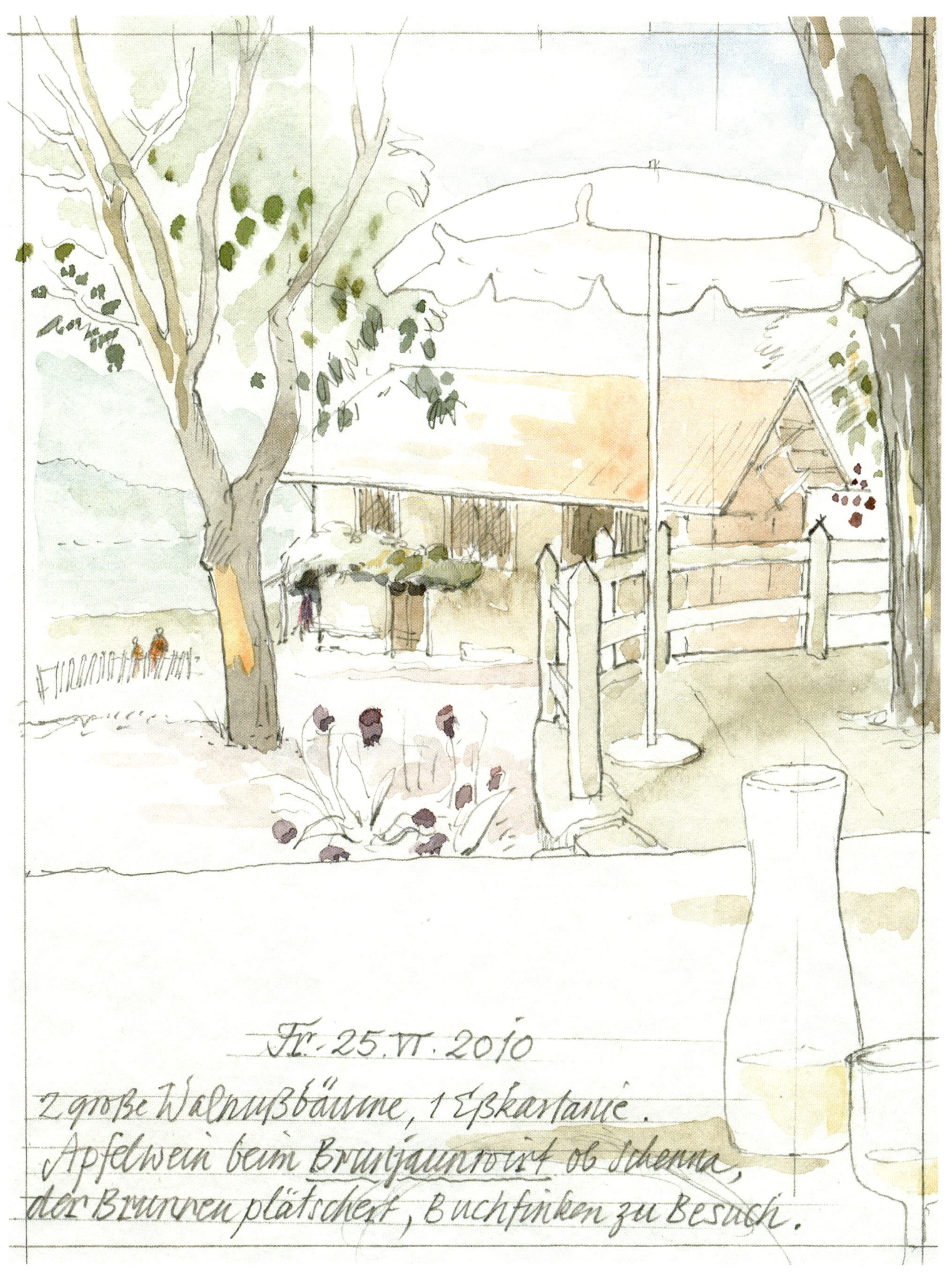
Fr. 25. VI. 2010
2 große Walnußbäume, 1 Eßkastanie.
Apfelwein beim Brunjaunwirt ob Schenna,
der Brunnen plätschert, Buchfinken zu Besuch.

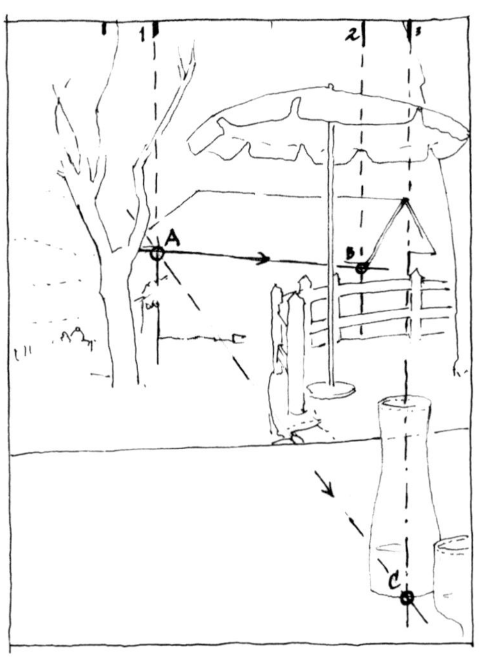

Abb. 64
Bildaufbau

spielsweise, gilt es in erster Linie, das *Wachstum* desselben zu erfassen. Das Blattwerk sollte nur andeutungsweise an der Konturlinie – gewissermaßen wie ein Kürzel – skizziert werden.

Was die Farbigkeit dieser sehr reizvollen Gegebenheit vor Ort anbelangt, so möchte ich die anfangs vorgestellte Methode dazu auch hier wieder empfehlen: lediglich den im Schatten befindlichen Partien etwas Eigenfarbe zu geben. Das Papierweiß assoziiert dann helles Sonnenlicht.

Will man den Blick des Bildbetrachters in eine ganz bestimmte Richtung zu lenken versuchen, so ist es möglich, etwas stärkeres Himmelsblau dort anzulegen, eventuell das tiefe Dunkel einer Türöffnung hervorzuheben, oder die stark farbige Kleidung einer Person als Farbklecks an jener Stelle anzubringen.

Wenn ich das in meiner langen Berufspraxis nicht immer wieder von Neuem bestätigt gefunden hätte, würde ich das auch nicht so vollmundig behaupten, aber es ist tatsächlich so: Wer sich mit etwas gutem Willen und ein wenig Ausdauer daran begibt, nach der „Thulesius-Methode“ zu skizzieren, der wird völlig ungeahnte Fortschritte im Zeichnen machen und wird Entdeckerlust und neues Sehen erfahren.

*Man sieht oft etwas hundert Mal,
tausend Mal, ehe man es zum
allerersten Mal wirklich sieht.*

Christian Morgenstern

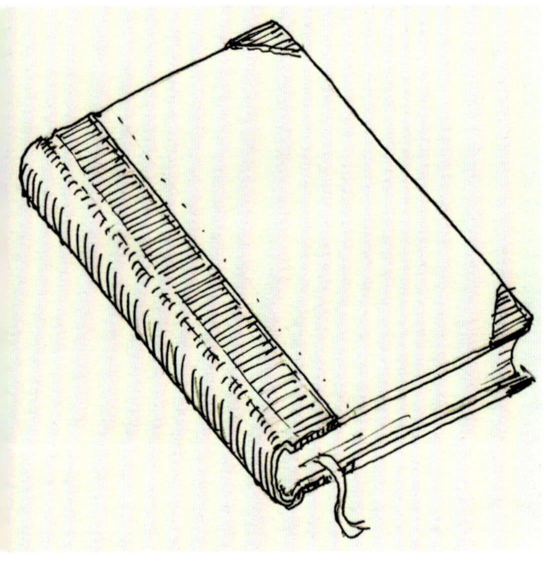

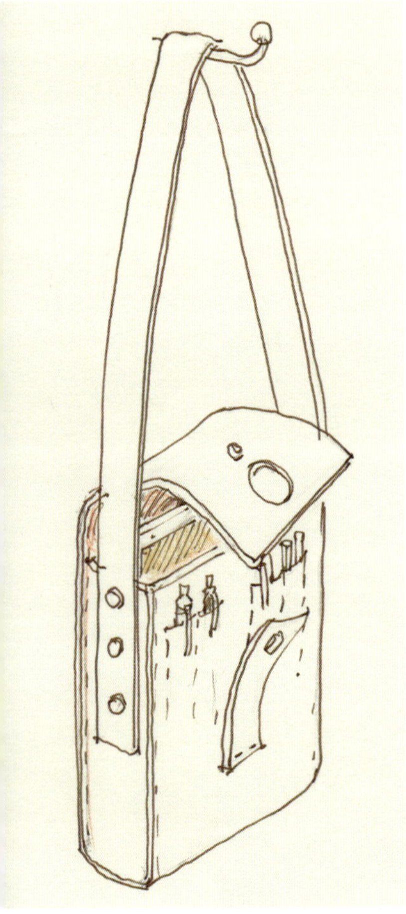

Handwerkszeug

Papier/Skizzenbuch und Bleistift

Papier und Bleistift sind die einfachsten und wichtigsten materiellen Voraussetzungen für das Zeichnen.

Ein *Skizzenbuch*, von der ungefähren Größe 14 auf 21 Zentimeter ist ein guter Begleiter überallhin, auf Reisen, im Museum oder auf ein Fest zu guten Freunden – denn es passt gerade in die Außentasche der Jacke. Einige Farbstifte und ein Bleistift lassen sich irgendwo noch unterbringen. Wenn allerdings ein kleiner Aquarellkasten hinzukommen soll, dann kann es schwierig werden. Meine Töchter wären sicherlich auf den Gedanken gekommen, diese Utensilien in einer einfache Umhängetasche zu platzieren, denn eine ansehnlich gekleidete Dame trägt keine irgendwie nur praktisch geartete Jacke, mit großen Taschen, die dann ausbeulen. In einer passend großen Schultertasche wäre außerdem noch Platz für das Handy und einige andere Sachen mehr. (Abb. 65 und 66)

Wenn ich einen Rat geben soll, dann sage ich: *„An Ausrüstung nur so wenig wie möglich."* Die eigene Erfahrung hat mich gelehrt, dass die sogenannte professionelle „must have"-Ausrüstung eher dazu führt, auf Dauer die Hände vom Zeichnen und Aquarellieren zu lassen, denn an was müßte man nicht alles denken, mitzunehmen. Und dann dieser Aufwand, so vielerlei in Stellung zu bringen; und das Ganze mit sich herumzutragen: – ein Block mit diesem und jenem Papier, ein Büchlein für diverse Anlässe etc.

Was die Auswahl verschiedener Papiersorten anbelangt, so werde ich weiter unten einen Vorschlag dazu machen, wie man eine solide Zeichenunterlage mit einem Magazin für unterschiedlichste Papiere in normalem Aktentaschenformat mit sich auf Tour nehmen kann.

Ein ständiger Begleiter ist mir immer noch – und immer wieder aufs Neue – das Skizzenbuch von etwa oben angegebener Größe. Ich achte gerne darauf, dass die Bögen darin ein einigermaßen festes Papier haben, sodass ich bei Bedarf, Lust und Laune, mit wasservermalbaren Farbstiften, oder mit Aquarellpinsel und Aquarellfarben darauf hantieren kann. Zeichenbücher mit den etwas raueren Bögen, wie von Hahnemühle, Fabriano, Canson oder anderer Herkunft, die so aussehen (oder es auch sind) wie handgeschöpfte Bögen, sind für dieses Vorhaben sehr gut geeignet. (Abb. 67)

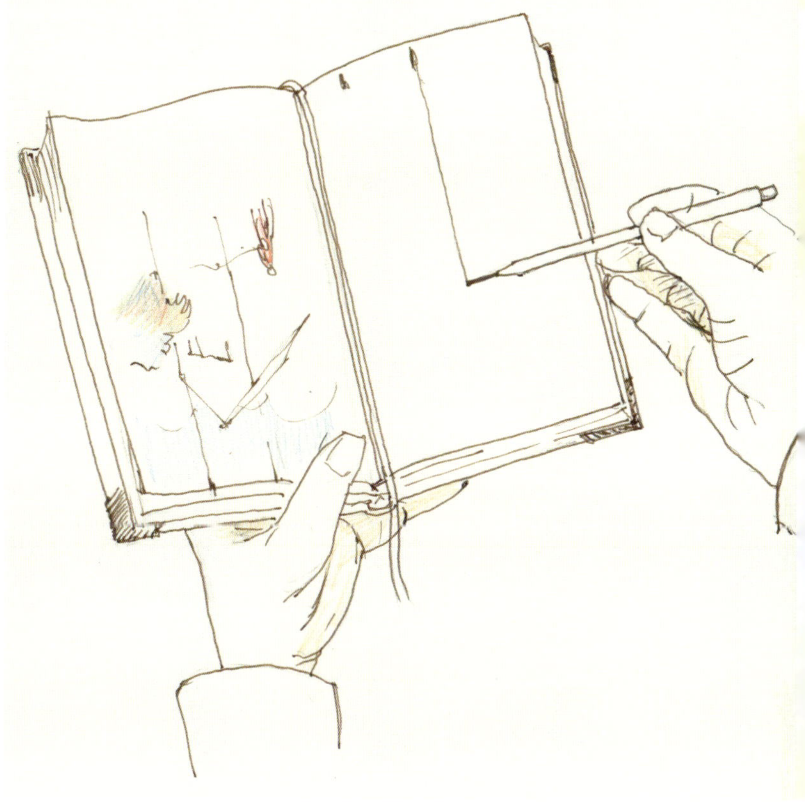

Da diese Skizzenbücher gebunden sind, gibt es auf jeder Doppelseite immer nur eine rechte Seite, an der man bequem entlanggleiten kann, um die überall notwendigen kantenparallelen Linien und Striche ziehen zu können. Also drehe ich jedes Mal mein Büchlein um, damit ich auch hier wieder mit der rechten Hand entlangfahren kann. Für Linkshänder gilt das Entsprechende.

Wenn es einem darauf ankommt, so zu aquarellieren, dass sich nur ja nicht das Blatt Papier, auf dem man beispielsweise größere Flächen farbig anlegen möchte, zu wellen beginnt, dann ist es angeraten, einen ringsum verleimten Aquarellblock mit festem Papier zu wählen.

Als *Zeichenstift* empfehle ich, unbedingt einen sogenannten *Fallminenstift* zu besorgen. Und das sind die eindeutigen Vorteile damit: Graphit-Minen ganz unterschiedlicher Härtegrade lassen sich – in einem schmalen Magazin mitgeführt – auswechseln. Man kann die Mine sehr weit aus dem Halter hinausfahren, um auch weit in der Mitte des Zeichenblocks oder auf dem Skizzenbuch im liegenden (Breit-)Format eine parallele Linie zu ziehen.

Nicht unbedingt muss man einen Anspitzer mit dabei haben, um mit dem Stift scharfe präzise Linien zu zeichnen, denn erstens ist die schon etwas abgerundete Spitze immer irgendwo so beschaffen, dass sich für kurze Zeit noch ein halbwegs feiner Strich produzieren lässt, und zweitens kann man die Spitze der Mine an irgendeinem Stein derart rundum abschleifen, dass man somit wieder einen feinen und scharfen Strich zu führen in der Lage ist. (Abb. 68)

links oben:
Abb. 65
Skizzenbuch

links unten:
Abb. 66
Umhängetasche

rechts oben:
Abb. 67
Zeichnen im Skizzenbuch

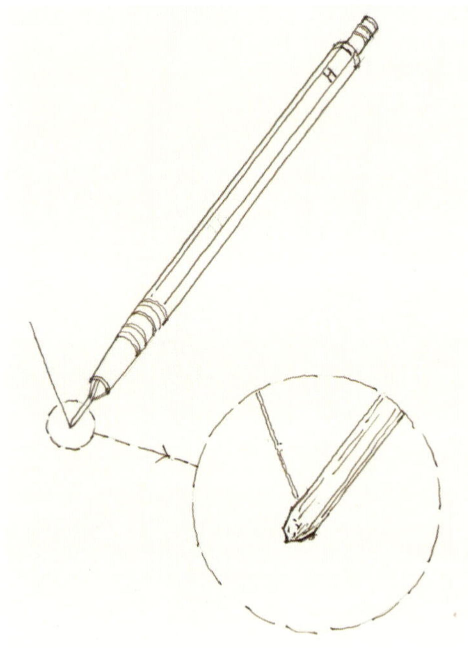

Abb. 68
Fallminenstift

Jetzt noch eine Bemerkung zur Beschaffenheit der unterschiedlichen Bleiminenstärken: Ist die Witterung eher feucht, dann empfiehlt es sich, eine etwas weichere Mine in den Stift zu spannen; etwa die Stärke *HB*. Denn Papier reagiert sehr schnell auf Luftfeuchtigkeit, liegt Regen in der Luft, so dehnt es sich und wird weicher. Bei sehr trockener Witterung wird eine weiche Mine – besonders auf einer etwas mehr strukturierten Oberfläche – körnigere Linien, einen etwas stärkeren Abrieb verursachen. Dann ist es angesagt, eine *H* oder gar *2H*-Mine zu nehmen, im Süden Europas habe ich schon mit den Minenstärken *3H* und mehr gezeichnet. Will man sich mit einer einzigen Bleistiftmine begnügen, sollte es die *F*-Stärke sein, die man vorab auswählt.

Einen Radiergummi nehme ich gar nicht erst mit, wenn ich unterwegs bin, denn dieses Ding bedeutet so viel wie eine „Krücke", die man als sogenannte Sicherheit nur dazu benützen würde, um auch ja nichts „falsch" zu machen.

Es ist viel besser, sich im doppelten Sinne die Freiheit zu erhalten, um etwas selbst auszuprobieren. Lieber Fehler machen und dabei weitergelangen auf dem Wege zur Könnerschaft.

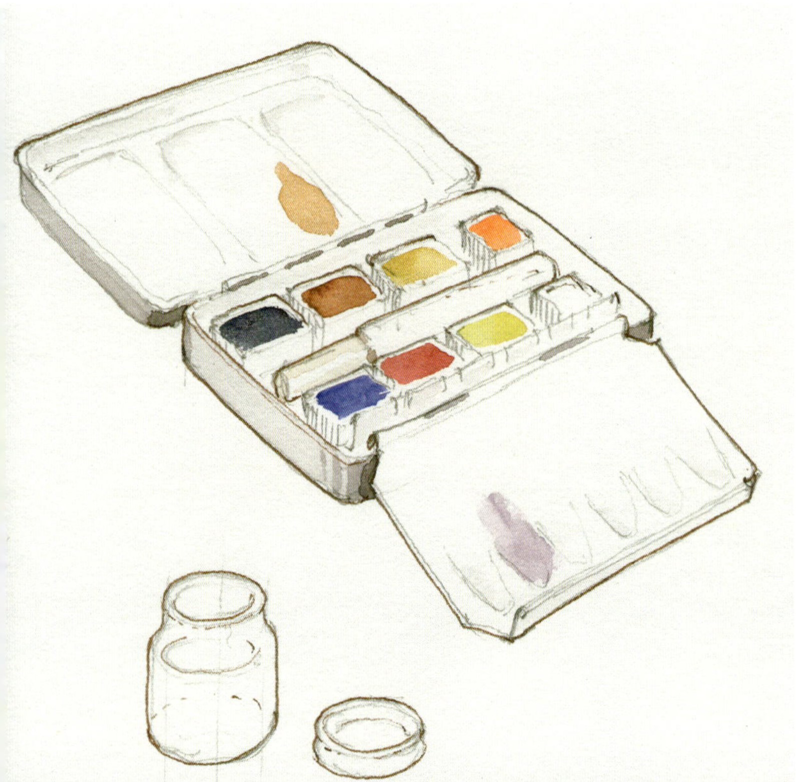

Abb. 69
Aquarellkasten

Wenn man es genau nehmen will bei seinen Streifzügen durch Gottes wundervolle Natur und zu den zeitlos schönen baulichen Schöpfungen unserer Vorfahren – selbstverständlich sind auch einige zeitgenössische Baulichkeiten als Vorbilder anzusehen –, dann kann man einen kleinen klappbaren Maßstab mit sich führen (in PVC-Ausfertigung hat er weniger Gewicht).

Aquarellkasten und -pinsel

Der *Aquarellkasten* sollte so klein sein, dass er bequem in die Hosen-, Blusen- oder sonstige Tasche passt. Sicherlich gibt es in der schon erwähnten Umhängetasche Platz dafür.

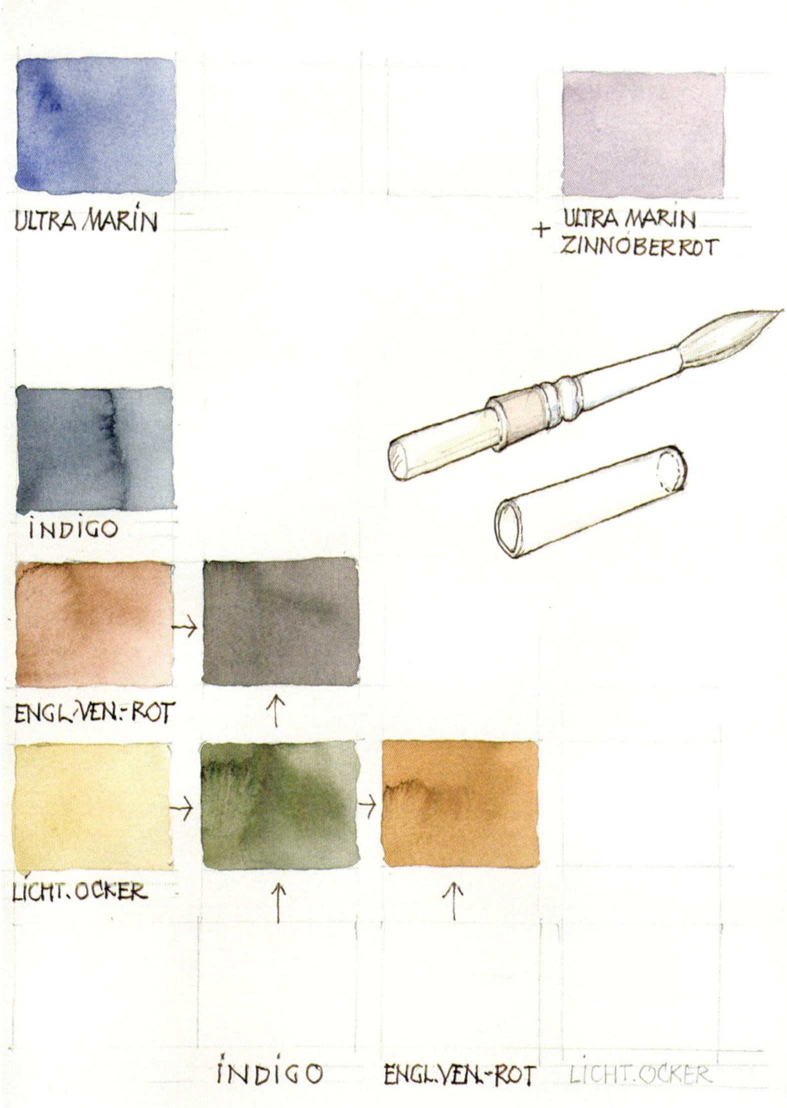

Abb. 70
Aquarellpinsel und Farbmischungen

Ich rate sehr dazu, sich einen „Leerkasten“ anzuschaffen, denn damit sichern Sie sich die Freiheit, die einzelnen Farbnäpfe selber aussuchen zu können. Meine Empfehlung für die Zusammenstellung der Farben: Wählen Sie zwei mal die drei Primärfarben aus, und zwar:

1. Die Farben, die am häufigsten in der Natur anzutreffen sind, wie: Indigo, Lichter Ocker, Englisch- oder Venezianischrot.

2. Die etwas intensiveren Farben, wie: Ultramarinblau, Reingelb (Echtgelb hell), Krapprot tief (Krapplack/Zinnoberrot)

Hinzufügen würde ich dann noch Weiß, damit Sie einen Fliederstrauch auch auf dem Papier zum Leuchten bringen können. Die Farbtöne Grau und Schwarz lassen sich leicht anmischen, indem man die drei Primärfarben miteinander mischt (Indigo, Lichter Ocker und Englischrot). Will man ein helleres Grau zustande bringen, wird man diese Mischung mit etwas mehr Wasser aufhellen.

Der *Aquarellpinsel* muss eine sehr gute Qualität haben, und man sollte sehr freundlich zu ihm sein. Denn ein guter Aquarellpinsel muss beides können: Er muss in der Lage sein, sehr feine Striche zu liefern, und er muss es – mit Ihrer Hilfe natürlich – fertigbringen, größere Flächen sehr schnell und zusammenhängend mit einer Farblasur auszufüllen. Ein Rotmarderpinsel zum Beispiel ist recht teuer; es gibt aber auch mittlerweile andere modernere Produkte, die sich gut dazu eignen. (Abb. 70)

Ein so kostbares Stück wie einen echten Rotmarderpinsel mit sich zu führen und verantwortungsvoll aufzubewahren, verlangt Treue und Fürsorge vom Eigner. Ein schützendes Kunststoffrohr, das man sehr vorsichtig über den ausgewaschenen und wieder zugespitzten Pinselkopf stülpt, um ihn vor Beschädigung und vor dem Umbiegen zu schützen, sollte man auf jeden Fall immer mit sich führen.

Wenn ich Ihnen aber nun noch folgende Empfehlung mit auf den Weg gebe, wie Ihnen ein sehr praktikabler Transport auf all Ihren Touren und Ausflügen möglich sein wird, kann ich mir Ihr Entsetzen vorstellen, diesen Rat in die Tat umzusetzen. Auch wenn es mir selber im Innersten weh tat, so habe ich es dennoch ausgeführt: Ich habe den firmenseitig perfekt lackierten Schaft des teuren Aquarellpinsels abgeschnitten und – siehe Abb. 70 – ein passendes Stück im Durchmesser reduziert, damit einerseits das amputierte Teil mit Schutzhülle in den Kasten passt und andererseits das Schutzkunststoffrohr für die Benutzung des Pinsels beim Aquarellieren als Schaftverlängerung wirksam werden kann. Sie werden zugeben müssen, dass es viel umständlicher ist, einen ca. 23 Zentimeter langen kostbaren Gegenstand immer wohlbehütet mit sich herumzutragen, und dieser dann doch noch irgendwann verloren geht. Auf die hier von mir vorgeschlagene Weise, diesen Reise-Aquarellpinsel immer mit sich führen zu können, ist es mir in all den Jahren noch nie passiert, dass ich dieses wichtige Handwerkszeug, an das ich mich so gewöhnt habe, verloren hätte.

Und bitte lassen Sie *niemals* den Pinsel mit seinem wichtigsten Teil nach unten gekehrt in einem Wasserglase stehen! Denn wenn Sie das tun, ist er ein für alle Mal von Ihnen „enttäuscht und beleidigt“, und er verbleibt für den Rest seines Lebens krumm und damit nicht gut brauchbar.

Es kann vorkommen, dass beim Aquarellieren in unzivilisierter – aber vielleicht doch schöner – Gegend nirgendwo Wasser aufzutreiben wäre, deshalb ist es ratsam, auf Reisen immer ein gut verschließbares handliches kleines Gefäß für das kostbare Nass mit sich zu führen.

Jetzt aber sollten Sie sich unbedingt die große Freude gönnen, zu erleben, was geschieht, wenn Sie daran gehen, zunächst einmal einige Farbtöne miteinander zu mischen: Nehmen Sie Ihr Skizzenbuch zur Hand, einen Aquarellblock oder ein einzelnes Blatt festen Aquarellpapieres. Umranden Sie mit dem Bleistift auf diesem Maluntergrund einige Gevierte von ca. 3 auf 4 Zentimeter. Nehmen Sie Wasser mit dem Pinsel auf, rühren Sie in dem Farbnapf etwas Ultramarin an, und tragen Sie diese Farbmenge in das erste Kästchen ein.

Als nächstes nehmen Sie wieder von diesem schönen Blauton etwas in den Pinsel und streichen diese Farbe in eine der drei palettenähnlichen Mulden Ihres Farbkastens. Alsdann gehen Sie mit dem Pinsel in den Farbnapf Krapprot und fügen das Rot in eben dieser Mulde dem Blau hinzu. Sie sehen, was geschieht: Ein neuer Farbton entsteht und diesen Farbton füllen Sie nun in eines der von Ihnen vorgezeichneten Gevierte. Es ist durchaus erwünscht, wenn Ihnen der Auftrag unregelmäßig gelingen sollte, denn beim allmählichen Trocknen entstehen Farbwirkungen, die Sie gar nicht haben vorhersagen können. Machen Sie diesen Versuch nochmals, indem Sie zum Beispiel die drei Erdfarben auftragen und sie miteinander zur Mischung bringen. Schon bald werden Sie andere Farbtöne in verschiedenen Mischungsverhältnissen ausprobieren wollen.

Das macht richtig Freude, denn: Farben sind *Vitamine für die Seele.*

Füllfederhalter und Farbstifte

Einen *Füllfederhalter* sollte jeder zivilisierte Mensch besitzen und ihn auch gebrauchen, denn das wenige, das heute noch per Hand geschrieben wird, sollte nach Möglichkeit geordnet und schön anzusehen sein. Einen Kugelschreiber kann man für Kreuzworträtsel und für Sudokus benützen oder für das Ausfüllen von Formularen.

Wenn Sie so weit sein sollten, auch mit diesem nützlichen Gerät eine Skizze zu probieren, dann tun Sie es einfach.

Für *Farbstifte* will ich Ihnen nur insofern einen Tipp geben, als es sinnvoll ist, auch hier wieder so wenig wie nötig mit auf den Weg zu nehmen: Eigentlich empfiehlt es sich wiederum, von den Primärfarben nur je einen Stift dabei zu haben.

Von einer namhaften Schweizer Firma gibt es hier wiederum ein sehr brauchbares (aber nicht ganz preiswertes) Produkt, das genauso wie ein Fallminenstift funktioniert. Die Minen, die man dafür benötigt, sind verständlicherweise etwas dicker als die normalen Graphitminen und sie sind wasservermalbar.

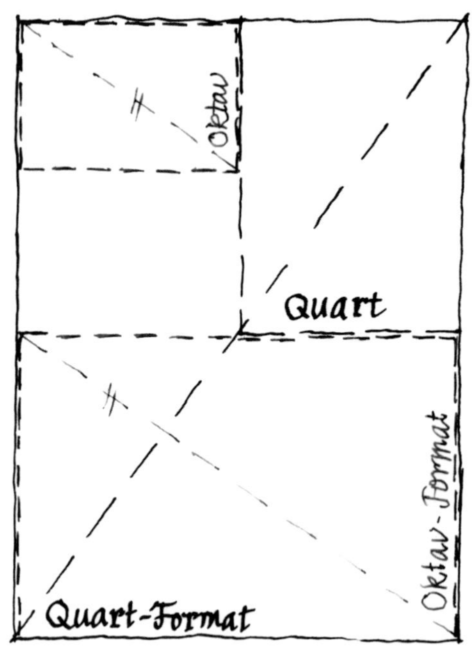

Abb. 71a
Rohbogen

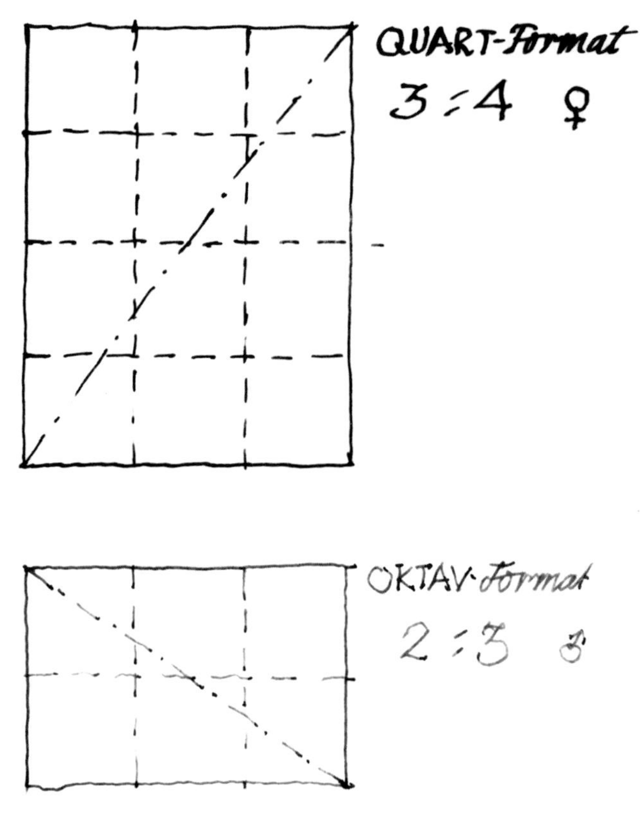

Abb. 71b
Quart-/Oktav-Format

Formate

Die älteste Papiermanufaktur Europas, in Fabriano, in den italienischen Marken gelegen, ist seit kurzem leider dazu übergegangen, die immer noch guten Bögen in dem geschlechtsneutralen DIN-Format herzustellen, und es bleibt abzuwarten, ob man sich in Zukunft auch bei anderen Herstellern wird umstellen müssen. Auf den Irrtum, dass die Normung der Papierformate die Lösung aller Formatfragen sei, darauf hat schon Jan Tschichold, der Fachmann auf dem weiten Feld der Typographie hingewiesen. (Abb. 71a und 71b)

Wenn man dieses hervorragend geeignete Zeichen- und Aquarellpapier der ungefähren Größe von 48,2 auf 63,5 Zentimetern – das entspricht dem Verhältnis 3:4 – einmal faltet, ergibt sich daraus das schön proportionierte *Oktavformat*, im Seitenverhältnis von 2:3. Bei weiterer Teilung erhält man im Wechsel wieder das schöne *Quartformat* mit den Proportionen 3:4 und dann wiederum das Oktavformat und so weiter.

Diese klassischen Papiere gibt es in den unterschiedlichsten Oberflächen, Stärken und Farbtönen. Je nach Motiv, Witterung und Stimmungslage hätte der zeichnende Beobachter wohl Verlangen danach, sich ein für die betreffende Situation passendes Papier für die Skizze auszuwählen.

Umsteckrahmen

Zu guter Letzt möchte ich noch von einem „Gerät“ berichten, das mein Vater einst für sich und seine Studentinnen und Studenten hat anfertigen lassen, und das auch ich bis zum heutigen Tag sehr gerne benutze. Es ist der sogenannte „Umsteckrahmen“, oder wie er auch genannt wurde: der „Thule-Rahmen“.

Die Größe dieses Zeichenrahmen-Magazins wurde bestimmt durch das traditionsreiche Bogenformat mit dem klassischen Seitenverhältnis 3:4, das es heute noch gibt.

Der Thule-Rahmen bietet dafür die Möglichkeit, denn er ist neben seiner Funktion als feste Zeichenunterlage gleichermaßen ein Magazin für eine Auswahl von ungefähr zwanzig Bögen der unterschiedlichsten Beschaffenheit. Das ganze „Ding“ besteht aus einem festen Rahmen und einem darin befindlichen Schuber zur Aufnahme dieser verschiedenen Papiere.

Der eigentliche Rahmen ist zusammengesetzt aus einer flächigen harten Unterseite und einem darüber, im Abstand von ca. acht Millimetern – ein dreiseitig umlaufender 8 mm starker Steg – fest verleimten Rahmen von knapp drei Zentimetern Breite. Die ganze äußere Hülle ist mit dünnem schwarzem Gewebe umspannt. Die Ausmaße betragen etwa 27 auf 35 Zentimeter mit einer Höhe von ca. 1,7 Zentimetern.

Der im Innern sitzende Schuber besteht aus einer dünnen, aber festen Pappe, an deren einer Schmalseite – mit Leinenband verbunden – ebenfalls ein Rahmen aus starker Pappe befestigt ist.

Wenn man sich anschickt zu zeichnen und zu aquarellieren, wählt man ein dafür geeignetes Blatt im Magazin aus, das zuoberst im Schuber zu liegen kommt. Nimmt man diesen Schuber, ausreichend gefüllt, mit auf die Reise, dann sitzt auch das oberste Zeichenblatt fest genug im gesamten Rahmen, sobald der Schuber wieder in den äußeren Rahmen hineingeschoben worden ist.

Die vergnügliche Arbeit mit Stift und Pinsel kann beginnen.

Will man alsdann aufbrechen, um den Standort zu wechseln, oder lässt die Witterung das Zeichnen nicht mehr so recht zu, zieht man den Schuber (das Magazin) heraus, dreht ihn um und schiebt ihn wieder zurück in den Rahmen. So bleiben Papier und frisch entstandene Skizze geschützt und gut transportfähig.

In der Modelltischlerei an der FH Bochum hat ein findiger Student diesen Typ des Umsteckrahmens in einer Ausführung von dünnem Sperrholz und Leichtholz (den Rahmen auf Gehrung geschnitten und fest zusammengefügt) in größerer Zahl angefertigt. Auf mehreren Reisen habe ich selber diese Version fleißig benutzt, wobei sie sich als sehr praktikabel erwiesen hat.

Von einer Buchbinderin habe ich mir vor vielen Jahren einen kleinen Umsteckrahmen bauen lassen, der genau passend ist für das oben erwähnte Oktavformat (ca. 16 auf 24 cm). Dieser kleinere Rahmen ist mir immer dann ein guter Begleiter, wenn ich statt eines leichten Rucksacks nur meine Umhängetasche mitnehmen will und auf das Skizzenbuch verzichten kann.

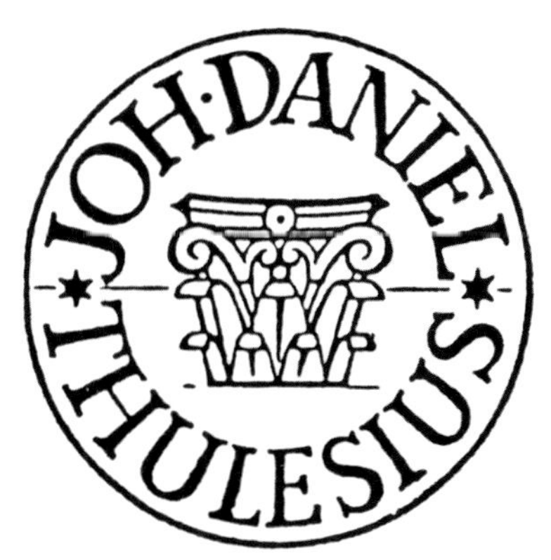
JOH·DANIEL
THULESIUS

Nachwort/Dank

Dass vorliegende Publikation nun tatsächlich hat Wirklichkeit werden können, ist das Ergebnis einer Reise Anfang Juli 2007 mit meinem Stiefsohn Hanns-Martin. Unsere Fahrt führte uns über Naumburg, in das Elbsandsteingebirge, weiter nach Görlitz und über Weimar wieder zurück nach Hagen. Wanderungen im Kirnitzschtal und eine Fahrt mit der „Meissen" bis Dresden und zurück bleiben ganz besonders in der Erinnerung haften.

Als an einem Tage der Regen unsere Pläne für einen Ausflug durchkreuzt, bleiben wir beide in unserer Pension. Spätes Aufstehen, ausgedehntes Frühstücken und Lesen ist ja ganz schön, aber, was dann? Hanns-Martin ist promovierter Naturwissenschaftler, kritischer Beobachter und vielseitig interessiert. Er sagt plötzlich zu mir: *„Du könntest mir endlich einmal das genaue perspektivisch-freihändige Zeichnen beibringen, so, wie Du das selber zu tun pflegst!" – „Warum eigentlich nicht?"*

Papier und Bleistift sind vorhanden und Dr. rer. nat. Hanns-Martin Schmidt macht seine Sache ganz ordentlich. Er hat den Innenraum, in dem wir uns befinden, nach meiner Anleitung zeichnerisch auf Anhieb richtig dargestellt.

Als es am frühen Nachmittag aufklart, machen wir uns auf den Weg an die Elbe. Hoch oben über dem kleinen Marktplatz der Stadt Wehlen beziehen wir Position. Ich zeige Hanns-Martin, wie man von diesem hohen Standort aus am besten den Bildaufbau beginnen kann, und beide zeichnen wir. Nach abgeschlossener Arbeit geht es hinunter in den Ort, um ein gemütliches Plätzchen aufzusuchen. Wir sind der einhelligen Auffassung, dass es sich in doppelter Hinsicht gelohnt hat. Ich bin mit seinem Ergebnis sehr zufrieden und Hanns-Martin ebenfalls.

Man gewinnt immer ein größeres Maß an Sicherheit, wenn man etwas bisher noch unbekanntes Neues ausprobiert hat.

Die Unterhaltung dreht sich mit einem Mal um das zeichnende Beobachten. Es geht um die verschiedenen Stadien der Wahrnehmung, es dreht sich um Ästhetik und um das subjektive Empfinden von Schönheit. Der Saale-Unstrut-Wein bringt unser Gespräch immer weiter, bis es von ihm ausgesprochen wird: *„Ja, darüber müsstest Du eigentlich eine Art Lehrbuch verfassen."*

Während meiner Zeit als Hochschullehrer hatte ich schon einmal einen Anlauf unternommen. Nun aber kommt wirklich etwas mehr Bewegung in dieses Vorhaben, und deshalb bin ich diesem jungen Mann sehr dankbar dafür, dass ihm diese erneute Initialzündung so gut gelungen ist.

Dank sagen möchte ich auch allen meinen studentischen Hilfskräften und Tutoren, mit denen ich das Thema *Lernen zu Zeichnen – Lernen zu Sehen* häufig und immer wieder aus anderen Blickrichtungen berührt habe.

Meinem Vater bin ich dankbar dafür, dass er Geduld hatte und mir immer erst dann etwas Neues zeigte, wenn er mein Interesse spürte. So war es auch, als wir beide vor den alten Mauern von Visby standen und zeichneten. Vielleicht war es der wunderschöne blaue Himmel über dem Grauweiß der alten Befestigungsmauern und die leichte Brise von der schönen Ostsee, was mich in hohem Maße aufnahmebereit gemacht hatte für das Neue.

Nun, mein Vater zeigte es mir. Er lehrte es mich, die wichtigsten und ersten Anhaltspunkte für den Bildaufbau festzulegen, er machte es mir vor, wie man Proportionen und Fluchten mit dem Zeichenstift anvisieren und auf das Blatt des Skizzenblocks übertragen kann. Das war am 24. April 1962. Schon als Kind habe ich viel gezeichnet. Aber von diesem Tage an, als mir mein Vater beigebracht hat, wie es auf verblüffend einfache Weise möglich sein kann, der Wirklichkeit ein ganz neues Maß an Verstehen und Erkennen entgegenzubringen, habe ich mich in völlig neuer Art meiner Umwelt zugewandt.

Es würde mich sehr glücklich machen, wenn durch diese methodische Anleitung zum genauen freihändig-perspektivischen Zeichnen vor Ort eine größere Anzahl von jungen und älteren Menschen angeregt, und auf den Weg gebracht würde, in dieser Weise etwas zu unternehmen und damit zu ähnlichen handwerklich-optischen Erfahrungen zu gelangen.

Vita

Johann Daniel Thulesius,
geboren am 14. November 1939 in Braunschweig

1961–1965	Studium der Architektur an der TU Carolo-Wilhelmina Braunschweig
1965–1968	Studium der Architekturan der TU Berlin
1968–1970	Tätigkeit Architekturbüro in Frankfurt/Main (Hochbau, Stadt- und Regionalplanung)
1970–1976	Tätigkeit in verschiedenen Architekturbüros in Oslo
1976–1988	Professor an der FH Hagen (Grundlagen der Gestaltung, Darstellende Geometrie und Freihandzeichnen, Baugeschichte und Architekturtheorie)
1988–2005	Professor an der FH Bochum (Darstellende Geometrie und Perspektivlehre, Baugeschichte und Entwerfen im historischen Ensemble)
2003	Auszeichnung mit dem „Lehrpreis der FH Bochum“
seit 2010	Lehrauftrag im „Studium Fundamentale“ an der TU Dortmund, Fakultät Raumplanung, FB Städtebau, Stadtgestaltung und Bauleitplanung: Freihandzeichen

lebt in Hagen

Literatur

DÖNHOFF, Marion Gräfin „Namen, die keiner mehr nennt“, Köln 1980 (München 2004)

FELDTKELLER, Andreas, „Die zweckentfremdete Stadt. Wider die Zerstörung des öffentlichen Raums“, Frankfurt/M. 1995

FEST, Joachim „Im Gegenlicht. Eine Italienische Reise“, Hamburg 2004

FRANCK, Frederick „The Zen of Seeing. Seeing/Drawing as meditation”, London 1973

FRIEDELL, Egon „Kulturgeschichte der Neuzeit“, (3 Bände) London 1940

GOETHE, Johann Wolfgang v. „Italienische Reise“, (Hg. Herbert v. Einem) München 1979

HERBERT, Zbiginiew „Stilleben mit Kandare“, Frankfurt/M. 1994

LEVY, Marc „Solange du da bist“, Berlin 2002

LIEBERMANN, Max „Die Phantasie in der Malerei“, (Hg. Günter Busch) Frankfurt/M. 1978

NORBERG-SCHULZ, Christian „Vom Sinn des Bauens. Die Architektur des Abendlandes von der Antike bis zur Gegenwart“, Stuttgart 1979

PETERICH, Eckart „Italien I, Oberitalien, Toskana, Umbrien“, München 1979

SCHILLER, Friedrich „Sämtliche Werke/Band 5, Theoretische Schriften“, München 1980

TSCHICHOLD, Jan „Ausgewählte Aufsätze über Fragen der Gestalt des Buches und der Typographie“, Basel 1975

WETZEL, Heinz „Stadt Bau Kunst, Gedanken und Bilder aus dem Nachlass“, Stuttgart 1962

Impressum

Johann Daniel Thulesius
Das freihändige perspektivische Zeichnen
Eine methodische Anleitung und
Hinwendung zum Sehen lernen

ISBN 978-3-938193-76-1

Künstlerische Arbeiten, Fotos und Text: Johann Daniel Thulesius
Redaktion und Lektorat: Yvonne Schwarzer
Satz und Gestaltung: Birgit Boesner, Hattingen
Herstellung: LD Medienhaus, Ahaus

Bibliografische Informationen der Deutschen Nationalbibliothek.
Die Deutsche Nationalbibliothek verzeichnet diese Publikation in der Deutschen Nationalbibliografie; detaillierte bibliografische Daten sind im Internet über http://dnb.d-nb.de abrufbar.